私人资本投资中国公共品

动机和影响因素研究

孙哲峰　韦　京　著

中国财富出版社有限公司

图书在版编目（CIP）数据

私人资本投资中国公共品：动机和影响因素研究／孙哲峰，韦京著．—北京：中国财富出版社有限公司，2022.8

ISBN 978－7－5047－7702－7

Ⅰ．①私…　Ⅱ．①孙…　②韦…　Ⅲ．①公用事业—私营企业—资本投资—研究—中国　Ⅳ．①F299.24

中国版本图书馆 CIP 数据核字（2022）第 079414 号

策划编辑	乔　昕	**责任编辑**	张红燕　乔　昕	**版权编辑**	李　洋
责任印制	尚立业	**责任校对**	张营营	**责任发行**	杨恩磊

出版发行	中国财富出版社有限公司		
社　　址	北京市丰台区南四环西路 188 号 5 区 20 楼	**邮政编码**	100070
电　　话	010－52227588 转 2098（发行部）		010－52227588 转 321（总编室）
	010－52227566（24 小时读者服务）		010－52227588 转 305（质检部）
网　　址	http://www.cfpress.com.cn	**排　　版**	宝蕾元
经　　销	新华书店	**印　　刷**	宝蕾元仁浩（天津）印刷有限公司
书　　号	ISBN 978－7－5047－7702－7/F·3449		
开　　本	710mm×1000mm　1/16	**版　　次**	2022 年 8 月第 1 版
印　　张	10.75	**印　　次**	2022 年 8 月第 1 次印刷
字　　数	154 千字	**定　　价**	98.00 元

序

孙哲峰是我的一位颇具才华的学生，虽已身为中国民生投资的高管，仍在不惑之年，百战归来再读书。

在我的博士学生中，我喜欢他的务实风格，接地气、有棱角、没有那么多的“八股气”，总是用力求创新的思路和方法去解决实际问题。我发现这个有着激情诱惑力的年轻人，五年来一直探索着一条路——如何从公共品投资的传统模式中另辟蹊径，找出一个全新且更有效的模式。

20 世纪 50 年代末，我国开始进入大规模的经济建设时代，公共品具有普惠性，使政府或国有企业理所当然地成为投资主体。当时，公共品的投资思路基本上是遵循计划经济模式，重视社会效益，忽视经济效益。

20 世纪 90 年代初期，伴随着城市基础设施升级和随后如火如荼的房地产开发，一方面，政府的财政略显捉襟见肘，另一方面，快速崛起的民营企业积累了大量的资本。在此背景下，地方政府开始引入民营资本投资、建设、运营公共品。为了激励民营资本参与，政府以掌握的稀缺资源给予经济回报。哲峰作为中国股权投资房地产和物业管理公司的先行者，发现了物业管理公司的基层公共服务职能、房地产公司的公共品投资代建职能，开始大胆探索，创新地构建模型，分析民营资本投资公共品的动机和影响因素。

我不想用太多的笔墨去引述哲峰这本书中的篇目和内容——这可以由读者自己去评判。我想说的是，当我把他的著作和当今一些学者的研究成果进行比较的时候，发现哲峰的这本专著中贯穿着一条“管理脉络”。具体地说，他正努力求索，如何从管理的角度，反映中长期的投资效益、量化软实力的经济效益，以及降低浮躁的短期投资预期。这无疑是投资的高境界，也是当下中国社会最缺乏而又最宝贵的境界。这也是我一直倡导学生们不断追求的境界。

中山大学副校长，博士生导师

2022 年春于中山大学

摘　要

私营企业参与公共品供给已经成为不可逆转的趋势，然而中国目前尚无较为全面的关于企业参与公共品供给收益方面的系统研究。因此，如何促使中国私营企业从参与公共品供给到经营绩效的转化，从而实现社会和企业的双赢局面，对中国经济社会以及私营企业的发展都具有重要意义。

在理论研究的基础上，本研究运用问卷调查和实证检验的方法，在STATA 软件和 R 统计工具的辅助下，检验公共品投资的直接收益和间接收益。

研究发现：（1）投资公共品分别与企业的整体收益及项目收益呈显著正相关；（2）国有企业、上市企业、高新技术企业的认证对于公共品投资收益均产生正向调节作用，而房地产行业具有负向调节作用；（3）投资公共品的收益不仅来自项目较高的直接收益，也来自获得市场性社会资本和市场能力带来的长期收益。

本研究丰富了公共品供给理论，有助于加深后续研究。本研究的政策意义是，政府应在坚持市场平等的原则下，保障公共品投资的适当收益，给予国营、私营企业同等的待遇，并且建立健全社会信用机制。

本书在以下两个方面进行了尝试性的创新：（1）企业公共品投资和企业绩效之间的直接效应和间接效应；（2）引入社会资本和溢出效应作为企业投资公共品作用于企业收益的中介变量。

关键词：私人资本；公共品投资；社会资本；溢出效应；企业绩效

目　录

1 导论

1.1 研究背景及问题提出

1.1.1 研究背景

围绕“市场失灵”、政府干预与财政发展而产生的现代公共经济理论的核心问题之一，是如何对公共品的生产者提供有效激励。从企业的角度来看，该问题可以表述为私人部门为什么要进行公共品的生产，或什么样的补偿能够推动私人部门生产公共品。经典理论认为，在以政府采购为主的公共品供给中，私人部门主要从社会资本、经济溢出等长期收益中获得有效激励，即公共品生产的“长期激励”。

首先，“长期激励”观点本质上是西方发达国家盛行的尽可能减少政府干预、自由放任的“自由主义”的表象：为避免政府干预产生挤出效应与效率损失，政治约束基于民主体制，通过财政预算对政府采购进行约束。具体来说，有三个方面的原因导致了西方发达经济体依赖长期收益为私人部门的公共品生产提供激励。其一，公共品的消费属性与生产属性：从消费方面来看，公共品在消费或使用中存在非排他性与非竞争性，准公共品则具有非排他性或非竞争性，抑制了私人部门提供公共品的意愿；从生产方面来看，公共品存在投资收益率低、投资额度大、回收周期长等方面的特征，“消费”与“生产”二者共同导致公共品的有效市场供给不足。其二，政府角色：政府的非营利性使得通过国有企业进行公共品的供给缺乏效率，而通过政府采购的方式，利用市场竞争，能够在一定程度上提高公共品的供给效率。其三，政治制度与预算约束：西方发达国家的政治体制对财政施加了较大的约束，在较强的预算约束下，政府无法通过力度较大的直接补贴为公共品生产提供足够激励。

以上三个方面的原因共同导致了西方发达国家在“政治决策—预算约束—政府采购—私人部门供给”的公共品供给模式中，长期利益最大化的私人部门（企业）获得的直接补贴不足，只有当企业从社会资本、经济溢出等长期收益中获得有效激励时，才会进行公共品的生产，进而提高社会中的公共品总供给。

然而，20 世纪中叶至今，以中国为代表的发展中国家在财政、公共品投入与经济发展实践中对上述“长期激励”的观点提出了挑战。自 20 世纪 70 年代末改革开放以来，中国除大力发展社会主义市场经济之外，通过积极的财政政策，对以基础设施建设为主的公共品与准公共品进行大规模投入，投资带动 GDP 增长与经济发展，改变发展中国家在全球产业链中以原材料出口为主的分工角色，跨越发展中国家的低收入陷阱。根据统计年鉴数据（见图 1－1），中国自改革开放以来，财政支出占 GDP 的比例维持在 10%～30% 的水平，在不计对经济发展产生的间接效应的情况下，财政支出是中国经济增长的重要动力。

其中，中国政府大量通过政府采购的形式向私人企业购买公共品。2017 年，中国政府采购规模持续快速增长，采购规模达 32114.3 亿元，比上一年同口径增加 6382.9 亿元，增长 24.8%，占全国财政支出和 GDP 的比重分别为 12.2% 和 3.9%。那么，在这种政府发挥更大作用的经济体中，政府在以经济发展为目标进行公共品投入的情况下，私人部门（企业）是否能够从公共品与服务的生产中获得足够的直接补贴？其收益率如何？如果直接补贴足够，是否仍会出现社会资本、经济溢出等长期收益对企业进

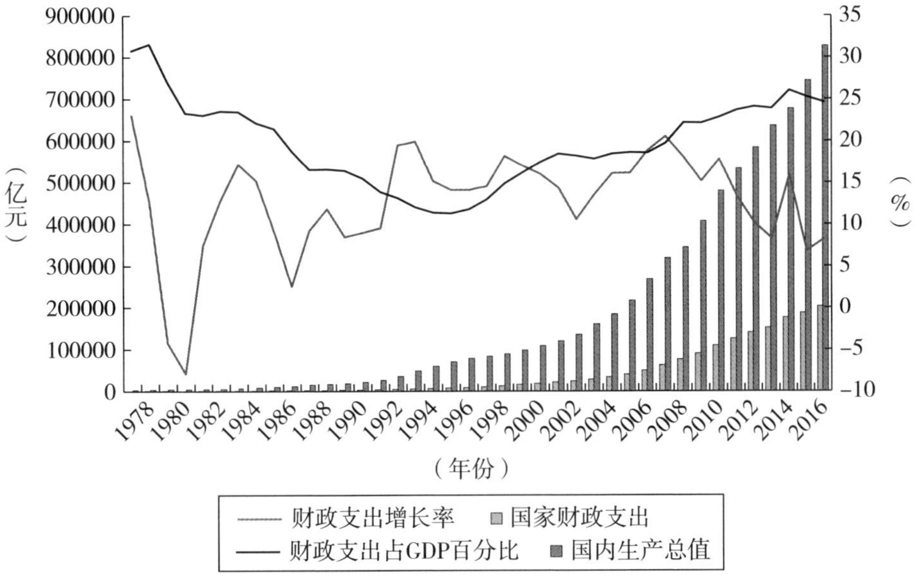

图 1－1　1978—2016 年中国财政支出统计

注：数据来源于《中国统计年鉴》。

行进一步激励的现象？这是本研究从公司金融的视角出发，关注并回答的首要问题。

针对“长期激励”观点的三个原因及中国的基本情况，个人认为，中国私人企业在生产公共品时，从政府获得的直接收益很可能是足够的，甚至是过度补贴的。其一，中国政府在对部分准公共品的管制与西方发达国家不同，导致对于公共品的界定与西方发达国家存在差异。西方发达国家在准公共品市场的管制中，往往采用的是“市场可为，政府不为”的思路，即能够通过市场提供的公共品，政府不加以干预或介入；而中国在相关管制中，则是通过设定一定程度的准入门槛，以此提高公共品生产者的收益，实现对公共品生产者的激励。其二，在政府角色方面，中国政府更倾向于通过政府干预推动经济增长，这使得政府愿意通过公共品投入，激励企业生产公共品。中国现阶段的国家发展战略主张，是由政府配置社会的整体资源，由私人资本关注微观企业的效率和效益，双方分工明确。基于各自分工和优势最大化的考虑，政府在对公共品行政发包模式下（包含补贴、特许经营等广义概念），通过较高的直接激励推动私人资本投资公共品是双赢的选择，这能够有效提高经济增长速度、市场效率与增加公共品生产的外部溢出。其三，与西方发达国家成熟的预算管理体制不同，中国政府的预算管理较为宽松，政府有较大的空间进行财政运作，并长期存在预算软约束的问题，这使得政府能够实施更为积极的财政政策与公共品投资政策，进而为公共品的生产企业提供足够的直接激励。上述三点原因对于中国在公共品生产的激励问题中，选择“直接补贴”观点有了更强的解释力度。

其次，与适用于西方发达国家的“长期激励”观点不一致，并不说明本研究将证明的“直接补贴”观点违背经典理论。“直接补贴”观点不违背经典理论的主要原因是，过去的四十余年是中国实施市场经济的初期阶段，中国作为一个由完全社会主义计划经济向社会主义市场经济转变的经济体，自身就需要大量的公共品投入，以填补公共设施与服务供给不足，借此满足经济高速增长时对公共品与服务的需求。

事实上，在一些发达国家发展的初期阶段，如美国“西进运动”时期，政府也会通过特许经营、低息贷款及补贴等形式，在铁路等重要公共品的供给中提供较高的直接补贴或直接经济收益，鼓励私人部门（企业）提供公共品。然而，部分发展中国家的政府依然遵循以“市场为主”的原则，尽量避免政府干预，也存在预算约束过强的原因，以印度的发展经验为例，公共品生产缺乏激励，公共基础设施与服务的建设严重滞后于经济发展需求，进而减缓了经济发展的持续性。相关的宏观与发展经济学理论在近期兴起的“新结构经济学”中得到了充分的论述。这也印证了现有的“长期激励”可能更适用于解释成熟市场中的公共品供给激励，而对其他场景下的相关问题解释力度不足。

本研究将从公司金融的微观视角，基于量化分析得出的实证研究结论，试图说明“直接补贴”与“长期激励”存在替代性，并提出一个统一的分析框架，即政府根据经济体的发展阶段与预算约束水平，通过在“直接补贴”与“长期激励”之间进行选择，对公共品产生供给激励，以此分析公共品投资行为与私人企业收益之间的关系。

1.1.2 问题提出

本书的研究范围跨越管理学和经济学，基于管理学的竞争优势理论，结合经济学的社会资本理论，将以上的理论和企业的现实相结合，以私人企业的角度，提出参与公共品供给“隐性”收益形成的过程和机制。本书主要研究和解决以下两个问题。

（1）上市等因素在企业参与公共品供给与项目收益关系中的调节作用

企业在参与公共品供给作用于企业绩效的过程中，可能会受到其他因素的调节作用或影响，比如，企业上市、高新技术企业认证、所有制性质以及企业是否从事房地产等。有学者已对相关问题进行研究，其中，相对于非上市公司而言，中国目前上市公司具有特殊的发展优势，在一定程度上可以提高上市公司的整体绩效（徐兵，2007）；不同的行业性质对企业创新绩效也会产生影响，从企业经营的成长绩效和创新绩效来看，科技型企业要优于传统企业（耿新，2008）；就所有制性质来看，上市企业中民营性质的企业绩效要高于国有性质的企业（吴风来，2003）；相对于其他行业，房地产业是一个高利润的行业（赵铁林，2017）。上述的研究结论已经间接地揭示出，上市、高新技术企业认证、所有制性质以及是否为房地产企业等因素会对企业财务绩效产生一定影响，但在已有的研究中没有得到充分的分析和论证。调节因素能够帮助我们更好地理解企业参与公共品供给与企业收益的关系，因此，本研究试图将上述因素考虑进企业参与公共品供给与企业绩效关系的分析中，具体是分析调节因素对企业参与公共品供给与项目收益的影响机理，并进行实证检验。

（2）企业社会资本、溢出效应在企业参与公共品供给作用于企业收益过程中的中介作用

虽然企业社会责任和企业绩效之间关系的研究由来已久，但对企业参与公共品供给与企业收益之间影响机理的理论和实证研究还较少。已有文献对企业社会责任与经营业绩进行了理论剖析和实证研究，一定程度上揭示了企业社会责任对企业绩效的影响（Cornell and Shapiro，1987；马龙龙，2011；田虹，2009）。但是这些研究对企业社会责任影响企业绩效的机理没有予以特别关注。有学者认为民营企业的政治关系越强，其进入高壁垒行业的可能性越大，而进入高壁垒的企业的经济绩效要显著高于其他企业（罗党论，刘晓龙，2009）；也有学者提出企业间的关系资本能够防范机会主义行为（S. Coleman，1988），减少企业投入公共品的成本，进而影响企业收益。本研究将不同社会资本和企业参与公共品供给结合，假设企业参与公共品供给对不同社会资本的影响不同，进而影响企业形象、自身行为以及外部组织的行为，最终企业参与公共品供给影响到企业收益，即将不同社会资本作为企业参与公共品供给影响企业收益的中间变量。因此，本研究分别将社会资本和溢出效应作为中介变量，通过构建企业参与公共品供给与企业收益结构方程模型进行分析，进而揭示社会资本和溢出效应在企业参与公共品供给影响企业收益的过程中的中介作用。

1.1.3 研究意义

理论意义方面，本研究从公司金融的视角，以中国为研究对象，构建发展中国家公共品供给激励的相关理论，通过与经典理论进行对比，发展了现有私人投资公共品的相关理论，并试图为存在差异的宏观环境下的政府公共投资行为、企业行为与企业收益影响因素的相关分析提供统一的研究框架。

现实意义方面，中国从改革开放以来，持续四十余年的经济高速发展，使得“中国模式”为全球其他发展中国家的经济发展提供了宝贵经

验。其中，通过积极的财政政策进行公共基础设施建设与服务投入，是中国突破低收入陷阱、摆脱发展中国家全球产业链中原材料出口的低端分工角色、夯实经济发展基础的重要举措。本研究以中国为代表，对部分发展中国家自20世纪中叶以来的高速发展模式进行了微观层面上的解读，通过研究私人部门（企业）对公共品的投资行为，分析了中国政府在激励私人部门生产公共品方面的措施与效果，发现了公共品供给激励中直接收益与长期收益存在的相互替代作用，为以大量基础及公共设施投入拉动经济增长的"中国模式"提供理论依据。

1.2 研究的范围和方法

1.2.1 研究范围

鉴于投资、公共品、收益都具备非常宽泛适用性，可以结合的领域众多，为了突出本书的研究重点——私人营利部门（公司或企业）投资公共品的收益机制，本书从四个范畴界定研究范围。

（1）本书研究的主要对象是私人营利部门（公司或企业）参与公共品供给的行为。从政府关系角度看，企业积极地参与公共品供给能够减少其所受的负面管制，有利于获取大量的政策信息，帮助寻找新兴业务机会，有助于享受更多的政策优惠，能够为企业价值的增值做出一定的贡献；从企业关系角度看，企业积极地参与公共品供给能够塑造企业良好形象，赢得优质的社会声誉，促进与相关企业关系资本的生成。这不但能够及时为企业提供原料、物价参考、消费偏好等生产经营信息，以便适应、满足市场需求，而且能够极大地节约成本费用，获取竞争优势，进而影响企业收益。在"城镇化"和"新常态"的背景下，在企业层面，本书重点研究私人营利部门（公司或企业）参与公共品供给行为对其收益的影响。

（2）本书研究的范围是有意和已经参与公共品供给的利润最大化的私人部门。由于本研究是分析私人营利部门（公司或企业）参与公共品供给与公共品项目收益的关系，并进一步探讨对企业收益的影响，因此，本次研究的范围包括企业全部生产活动，即公共品供给和其他商品与商业类服务供给。

（3）本书研究的着眼点是企业外部。企业作为最基础的社会经济载体，投资、运营肯定会受到国家政策和行业环境的限制和影响，因此，本书的研究重点是，在企业参与公共品供给时，一方面企业与政府、相关企业等外部组织关系的变化对公共品项目收益的影响，另一方面随着企业与外部组织关系的积累，关系得到整合后，对企业其他项目收益产生的影响，进而产生的对企业收益的影响。

（4）本书研究的目标是通过公司金融的微观视角下对公共品供给激励的分析，探究宏观上不同的政府干预程度、财政预算约束、经济体发展阶段的公共品投入与供给的影响因素。

1.2.2 研究方法

1.2.2.1 文献研究

本研究采用文献分析法形成对研究问题的初步认识与理论模型的分析。首先着眼于对公共品供给、社会资本、关系资本、网络能力等领域的研究，从国内外相关文章中选取了大量文献进行阅读学习和整理总结，对已有文献中的研究脉络进行梳理、归纳，寻找其研究的理论缺口，进而确定本研究的切入点。其次本研究又围绕企业上市、高新技术企业认证、所有制性质和房地产企业等进行文献检索，梳理上述因素对项目收益体现的能动作用，构建本研究理论模型中的调节效应。最后梳理企业承担社会责任与企业收益的关系，从网络资源视角挖掘企业收益变动的因素，选定

“CSR－无形资源－CFP”分析框架（Surroca，et al.，2010）作为本研究的研究思路。

本研究又构建了企业网络资源的测量维度，围绕政府性社会资本、市场性社会资本、市场能力和财税优惠水平四个维度进行文献梳理，发现其与企业收益的关系，从而构建本研究的理论模型，形成对模型中主效应的初步解释。

1.2.2.2 问卷调查

问卷调查法是管理学研究中最为广泛采用的调查研究方法，具有一贯的逻辑性、能够量化和追求普遍事实的特性。针对本研究内容以及所涉及变量，设计企业基本信息等客观问题，并参考已有研究量表，设计本研究的测量量表，最终制成调查问卷。用书面和电子两种形式向被调查者搜集关于企业的公共品投资、社会资本和溢出效应等方面的研究材料与数据。问卷调查是本研究对理论模型的实证检验数据的主要来源方式。

1.2.2.3 数据分析方法

运用实证分析的方法对问卷调查收集的数据进行统计分析和处理，通过结构方程组回归分析、中介效应等定量分析方法，验证公共品投资是否显著影响项目收益，对影响因子进行分组，并基于分组分析不同组的因素对上述影响是否存在显著的调节作用，以及社会资本、溢出效应是否在公共品投资与企业收益两者关系中发挥中介作用。

1.3 逻辑框架和本书结构

1.3.1 逻辑框架

本书秉承传统的提出问题、分析问题到解决问题的思路，首先提出需要解决的三个问题：企业投资公共品与项目收益的关系，上市等因素对这一对关系的影响，以及社会资本、溢出效应对企业投资公共品与企业收益两者关系起到的中介作用。

已有的大量文献主要围绕企业社会责任与企业财务绩效的关系展开实证分析，但研究结论不一致。这一结果并不能给予企业投资公共品与企业收益关系这一问题以清晰准确的回答。笔者通过对前任研究方法进一步梳理，发现虽然打开了社会资本中介机制的“黑箱”，但未进一步深入地剖析不同社会资本如何影响企业公共品投资与企业收益的关系，这启迪笔者探讨不同社会资本可能的作用机制。

产业特征等因素对企业参与公共品供给与企业收益关系具有调节作用，有鉴于此，本书将确定调节变量及调节作用。首先运用 OLS 线性回归检验企业公共品投资与收益的关系。一方面通过分析能够得到公共品投资—收益的简单结论，另一方面可以初步检验可能影响两者关系的调节变量。之后，本书通过对比分组回归分析结果，进一步探究了上市、高新技术企业认证、所有制性质和房地产企业对企业公共品投资与项目收益关系的调节作用。探究调节变量及调节作用，为后续进一步分析的调节变量选择提供实际意义上的支持。

分析社会资本、溢出效应在对企业投资公共品与企业收益两者之间的关系是否起到中介作用这个问题。已有研究多是将社会资本视作一个整体进行检验，未对社会资本进行区分，无法进一步深入地剖析不同社会资本对两者关系产生何种影响。比如企业通过投资公共品获得与政府、相关企业的社会资本，是如何在作用于公共品项目的情况下对企业收益产生影响；企业通过积累与政府、相关企业的社会资本而获得政策优惠、价值链整合、市场机会等，又是如何影响企业收益，其作用机制是什么。对于这些问题，需要聚焦于企业的微观层面进行深入分析，因此，本书进一步系统地探索社会资本、溢出效应在两者关系的中介作用，具体地说，采用

“CSR－无形资源－CFP”分析框架（Surroca，Tribo and Waddock，2010），并将无形资本按直接作用对象的不同，划分为社会资本和溢出效应，通过对企业投资公共品获得不同的社会资本、溢出效应而带来的收益结果差异，检验社会资本、溢出效应对企业投资公共品与企业收益两者关系。

综上所述，提出本书的结构框架，见图1－2。

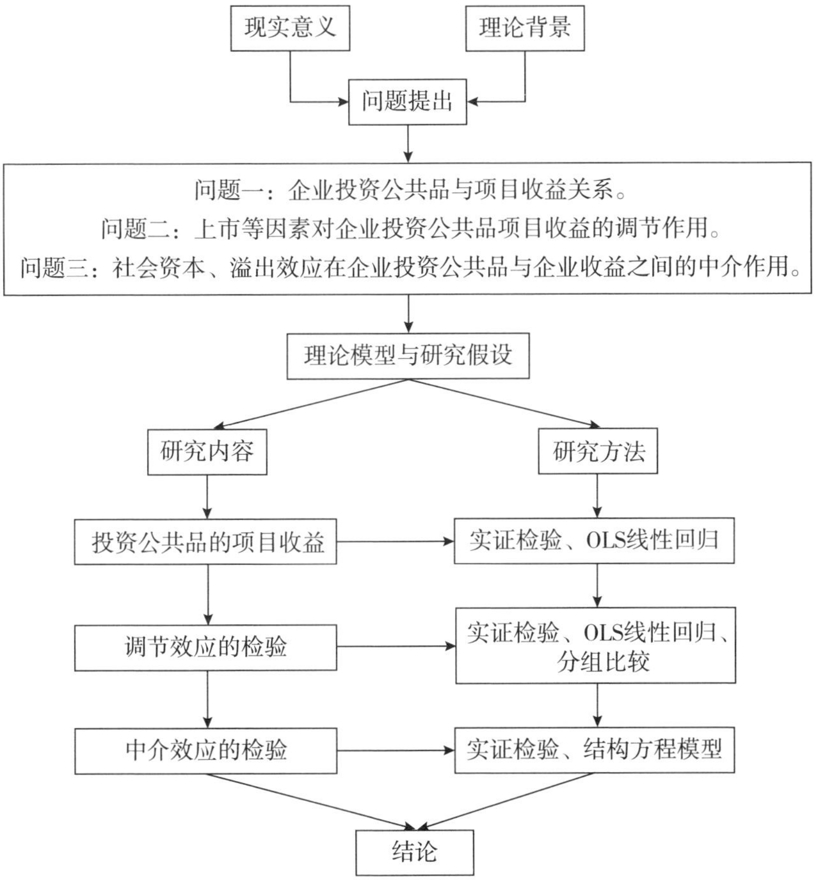

图1－2　本书的结构框架

1.3.2　本书结构

本书分成六个章节。

第1章导论。介绍研究背景、研究的意义和价值，提出拟研究的问题，介绍分析问题的方法、预计得到的结论，阐述论文的逻辑关系，并介绍章节安排。鉴于投资、公共品都是非常宽泛的概念，明确研究范围是非常必要的，也是工作的前提。在确定了理论研究方向之后，通过调查问卷的形式，实例验证私人营利部门（公司或企业）对企业收益影响机制。

第2章为关键概念定义和文献综述。首先，对公共品、私人投资、公共品项目收益进行定义。其次，对私人营利部门（公司或企业）投资公共品的相关研究结论展开回顾与评述，整理私人营利部门（公司或企业）投资公共品项目收益形成机制。

第3章为研究模型和假设。本章重点分析私人资本投资公共品为企业带来的隐性收益，在过程论与企业资源基础论两大观点的基础上，提出私人资本投资公共品隐性收益的两部分组合模型。该模型指出私人投资者投资公共品的隐性收益由两个部分组成，其中，第一部分是企业与相关利益方关系资本优化，形成有利于企业公共品供给的社会资本；第二部分是企业与相关利益方关系资本深化，形成有利于企业其他项目发展的溢出效应。

第4章为研究方法设计。本章介绍调查问卷的制定思路与过程，提出样本选取范围，确定解释变量、控制变量、中介变量、因变量等指标的操作化测量。本章采用里克特量表设计调查问卷，调查问卷由四部分组成：（1）企业基本信息，收集确定企业性质、类型、存续时间等要素禀赋。（2）企业主营业务及投资公共品状况，用于确定自变量——企业是否投资公共品、企业投资公共品额度。（3）企业社会资本的测量。社会资本测度，构建了一个企业社会资本测量指标体系，主要包括企业的政府性社会资本和市场性社会资本两个方面，共22个指标进行度量。（4）企业溢出效应的测量。溢出效应状况测度，构建了一个溢出效应测量指标体系，主要包括企业的财税优惠水平和市场能力两个方面，共20个指标进行度量。

第5章为实证检验结果及分析。首先，分析解释变量——投资公共品的额度、公共品投资率，与因变量公共品项目收益率的相关性，进一步在考虑调节变量的情况下，分析解释变量对公共品项目收益率的影响。之后，检验调节变量——企业上市、高新技术企业认证、所有制性质以及房地产企业对企业公共品投资与公共品项目收益率所产生的影响。最后，通过探索性因子分析和验证性因子分析分别提取中介变量——社会资本、溢出效应的因子，重点借助中介变量分析企业参与公共品供给影响企业收益的两个关键机制。

第6章为结论和建议。总结本研究的主要观点、理论贡献和现实意义，同时指出研究的局限性和不足，阐明可以进一步研究的方向，并给出政策性的建议。

2 关键概念定义和文献综述

由于目前国内外缺乏切合本研究主题的规范及实证分析文献，因此部分的研究回顾将适当放宽文献选取标准，主要关注有关企业承担社会责任对企业社会资本、企业绩效的影响，以及企业社会资本对企业绩效影响的相关研究。通过这些对企业履行社会责任影响企业绩效的分析，展示企业承担社会责任研究方面的现状，并发现其中的不足，为后面章节的分析提供借鉴。

2.1 关键概念定义

2.1.1 公共品

英国哲学家休谟（David Hume）是最早对公共品（Public Goods）问题进行理论研究并做出重大贡献的学者，他在 1739 年出版的《人性论》一书让我们明白政府在面对个体理性与公共性冲突时，能够补救自私个体的弊病并保障公共利益的实现，以及共有草地就是公共品。1919 年，瑞典财政学家林达尔在其博士论文《公平税收》中最早出现“公共品”一词（Dougherty，2003）。1954 年，美国经济学家萨缪尔森在《经济和统计学评论》上发表的《公共开支的纯理论》一文中首次对公共品进行定义，将公共品和私人物品两个概念明确区分（Samuelson，1954）；1965 年，美国经济学家詹姆斯·布坎南在《经济学》杂志上发表《俱乐部经济理论》，首次讨论了非纯公共品，提出了介于公共品和私人物品两者之间的俱乐部产品（准公共品）的概念（Buchanan，1965）。当代西方经济学家认为政府的一项基本职能就是提供公共品。不同学科领域的学者对于公共品的内涵和界定持有不同的观点，其中经济学者是从生产和消费两个角度解读公共品，而公共利益则是公共管理学者解读公共品的角度。

考察公共品研究的历史，我们认为公共品的经典定义是由萨缪尔森提出的，强调公共品的非竞争性和非排他性。萨缪尔森在《公共开支的纯理论》提出，“集体消费物（公共品）是指增加一个人对该物品的消费，并不同时减少其他人对该物消费的那类物品”。萨缪尔森通过两个数学公式表达出了公共品和私人物品在效益上的差异，私人物品的社会消费总量是由每个个体消费量加总得到，而公共品的社会消费量与每个个体消费量相等，即公共品的非竞争性。此后萨缪尔森对公共品的概念不断完善，在《经济学》中指出，“公共品是指那种无论个人是否愿意购买，都能使整个社会每一成员获益的物品。私人物品则相反，是那些可以分割、可以供不同人消费，并且对他人没有外部收益或成本的物品。”（萨缪尔森，保罗·A，等，1992）这个概念里论证了公共品在消费过程中是不可分割的，以及由此引起的排他的无效性和不可能性，也就意味着公共品的共用性。

根据萨缪尔森对于公共品的定义可知，消费的非竞争性和受益的非排他性是公共品的两个基本属性。其中，消费的非竞争性是指一旦某种公共品被供给，各个经济主体的消费不受其他经济主体的影响，这意味着消费者增加对该产品消费的总成本影响为零。值得注意的是，公共品供给增加对该产品供给的总成本影响并不为零，而是一个正数；受益的非排他性是指一旦某种公共品被供给，每个人都能对整个产品进行消费，这表明所有社会成员都可以同时享受同等质量、同样数量的公共品，一部分人对该公共品的享受不能将其他人排除在外，即使强制将一部分人排除在外则导致效率损失。由于公共品具有非竞争性和非排他性，会导致公共品消费上的

“搭便车”现象，市场的“无形的手”难以控制公共品的消费。当公共品的市场供给是无效率时，政府就自然地成为公共品的最主要、最理想的提供者。

在现实世界中，大多数的物品具有的非排他性和非竞争性并不是一组非此即彼的关系，而是一个程度大小的问题。布坎南根据公共品的非竞争性和非排他性程度的大小不同，进一步将纯公共品扩展为俱乐部产品与公共资源，提出准公共品的概念。他认为，现实中的“纯公共品”太少，更多的是介于公共品和私人产品之间的准公共品。布坎南通过对消费过程中的“拥挤”现象的分析而发现了俱乐部产品的存在，据此将俱乐部产品定义为“有这样的物品和服务，它们的消费包含着某些‘公共性’，在这里，适度的分享团体多于一个人或一家人，但小于一个无限的数目。‘公共’的范围是有限的”（白祖纲，2014），即一部分人在对该产品消费时能将其他人排除在外。换而言之，布坎南的俱乐部产品是指这样一类产品，该产品具有非竞争性，但又具有排他性，或排除追加的消费者的费用很低。准公共品能够有效排除“搭便车”行为，改善该产品的融资能力，有助于准公共品的有效供给。

此外，埃利诺·奥斯特罗姆以竞争性和非排他性描述了“公共资源”，认为存在着一类产品，该类产品多得足以使因使用资源而获取收益的潜在受益者的成本很高受到排斥，但并不是不可能排除（奥斯特罗姆，2012）。这意味着在一定限度下，该类产品既不能排他也不具有竞争性，一旦超出一定限度，则过度消费会使总体效用下降。这类公共品与布坎南提出的俱乐部产品恰好相反，即在消费上具有竞争性，但是无法有效地排他。

2.1.2 私人投资

古典经济学的重要代表庞巴维克，认为资本主义生产是一种迂回的生产，人们利用原始生产要素生产各种中间产品，然后利用中间产品生产出消费品，而在迂回生产过程中生产的中间产品，就是投资。按照投资的主体，可分为私人投资和公共投资。在有关文献中，公共投资一般被界定为由中央政府或地方政府决策并使用国有资金进行投资的行为或由代表政府的国有企业进行的投资活动。相对于公共投资而言，私人投资是由具有独立经济利益的微观经济主体进行的投资，泛指各种以私人资本进行的投资行为，包括企业投资和居民个人投资。

综合国内外学者的研究成果发现，国内外对私人投资的界定不一致，国外学者一般是从外部金融市场角度界定私人投资。其中，有学者认为私人投资是指外商直接投资、间接投资组合和其他投资（Thomas，et al.，2003）；有学者将私人资本定义为政府贷款和补贴、包括商业银行信贷和债务发行在内的私人债务、外商直接投资及国外权益投资组合（Kant，2010）；也有学者将外商直接投资、外债和国外间接投资定义为私人投资（Choong，et al.，2010）。国内学者对于私人投资的定义则偏向于所有制属性。其中，有学者认为，除中央和地方政府在基础设施和公共服务领域的投资以外，其他的固定投资均属于私人投资（曹建海，等，2005）；也有学者参考中国现有统计体系中对固定投资的分类，将私人投资定义为主要由个体投资加上股份所有制企业和联营企业的投资（朱铁，熊思敏，2009）。私人资本定义为除国有经济、集体经济、外资经济和其他经济四个类别之外的经济成分所具有的资本（盖建飞，2014）。

虽然政府是公共品的最主要、最理想的提供者，但在公用事业民营化背景下，公共品或服务的直接提供者逐渐从公共部门向私人部门转移，私人投资在政府政策的合理引导下进入公共品领域。

由于政府以“国有企业”方式向社会提供公共品的过程中存在投资不足、效率低下、政府财政压力大等问题，20 世纪 70 年代，以英国与美国为代表的西方发达国家开始公用事业民营化，公共品或服务的直接提供者逐渐从公共部门向私人部门转移，最终形成了波及世界的民营化浪潮。其中，英国水务产业的市场化改革最为典型，改革实现了政府资本的退出及私人部门的介入，即整个产业被完全私有化。

由于急速发展的城市化对通信、电力、供水、供气、交通等公用事业的巨大需求，依靠单一的财政投入无法满足，中国在20世纪80年代初开始尝试用BOT模式改善基础设施投资，在90年代末启动公用事业市场化改革，所有基础设施建设（基础设施投资、建设和经营的一种方式）都向私人投资者开放。2002年年底，建设部印发了《关于加快市政公用行业市场化进程的意见》，明确提出建立政府特许经营制度。2004年3月，建设部颁发了《市政公用事业特许经营管理办法》，鼓励社会资金和外国资本以多种形式参与基础设施建设；2005年2月，国务院发布《国务院关于鼓励支持和引导个体私营等非公有制经济发展的若干意见》，正式以国家政策形式允许非国有资本进入垄断行业和领域，允许非国有资本进入基础设施领域；2010年5月，国务院再次发布《国务院关于鼓励和引导民间投资健康发展的若干意见》，鼓励和引导民间资本进入基础产业和基础设施领域。在中国，特别是近几年随着民营经济的发展和民营企业的壮大，公用事业民营化得到较大发展。民营资本特别是外资流向自来水供给、污水处理、城市生活垃圾收集与处理、燃气供应等行业。

本书对私人投资的界定是根据投资来源，是指国内投资中非政府投资的部分，其投资的主体是政府以外的个人及法人，包括国有和集体企业、个体、股份所有制企业、联营企业以及外资企业等，具有很强的生产性和营利性。

2.1.3 社会资本

据相关文献记载，社会资本最早出现在经济学家Glenn Loury于1916年发表的《种族收入差别的动态理论》一文中，由于文中未对这一概念进行系统地研究，当时并没有引起理论界的重视（Loury，1981）。直至20世纪 80 年代，学术界开始对社会资本展开系统研究，其中法国学者 Pierre Bourdieu 最早将“社会资本”这一概念引入社会学研究领域，并首次较为系统地对该概念进行界定，指出社会资本是一种通过对体制化关系网络的占有而获取的实际或潜在的资源的集合体（Bourdieu，1986）。而有学者认为，社会资本是个体利用所在组织的内、外网络关系从其他社会个体获取自己所需资源的过程（Knoke，1999）。

对于社会资本的研究，最初主要是以个人为主体，强调嵌入在个人社会关系中的关系资源。其中，Coleman 认为某些行动者的利益是由行动者和其他利益相关者共同控制，因此，行动者为了实现各自利益而进行各种交换，甚至单方面让渡对于资源的控制权，以此促成了持续存在的社会关系，而这种社会关系不仅是社会结构的组成部分，同时是一种个人资源，这就是社会资本（Coleman，1988）。此后，学者 Portes 对社会资本给出更加细致和全面的定义，“个体通过他们在社会结构中的已有身份在社会关系网络中或者在更为宽泛的社会结构中获取个体所需的稀缺资源的能力。这种能力是个人与相关他人的交互关系中所富含的一种资本，而不是个体固有的（Portes，1998）”。学者把社会资本由个人层次延伸至企业层次。

学者们对社会资本的理解各个不同，根据研究视角的不同，将现有的社会资本定义归纳为资源说、能力说、功能说、关系网络说、结构说、规范说和综合性说 7 大类（朱仁宏，等，2009）。

（1）资源说

关于社会资本“资源说”的观点认为，社会资本对于企业来讲是一种特殊的资源。所谓社会资本，是指人际和企业关系网络中，以及通过人际和企业关系网络所能获得的资源（包括信息、构思、线索、商业契机、金融资本、权力与影响、情感支持，甚至还有良好的祝愿、信任与合作）（韦恩·贝克，等，2002）。企业通过社会关系网络获得的资源能够对企业目标实现发挥促进作用，资源包括有形资源和无形资源两种（Gabbay and

Leenders，1999）。Chisholm 和 Nielsen 认为社会资本是一种“组织内部网络以及外部网络构成的无形资源”，有助于企业对于社会资源的获取（Chisholm and Nielsen，2009）。有学者将企业内部社会资本定义为“反映企业内部社会关系特征的资源”（Leana and Buren，1999）。也有学者将企业社会资本等同于企业家的社会资本，将企业社会资本定义为“通过信任以及规范等非正式契约建立的企业家个人社会关系网络，有助于企业经营目标的实现，被企业家所驾驭的，并镶嵌于企业社会网络中的资源集合体”（周小虎，2002）。

（2）能力说

基于“能力说”建立的“企业社会资本”的概念，将企业社会资本作为企业依靠网络关系获取关键性资源的能力。边燕杰和丘海雄在其发表的《企业的社会资本及其功效》论文中，提出“社会资本是行动主体与社会的联系以及通过这种联系摄取稀缺资源的能力……能够通过这些联系而摄取稀缺资源是企业的一种能力，这种能力就是企业的社会资本”（边燕杰，丘海雄，2000）。有学者从社会学角度研究指出，企业家精神、企业家的个人品行以及企业家的社会声望等非物质资本是企业的社会资本，即社会资本主要是指基于个人品行，即信任，而产生的动员社会稀缺资源的能力（徐延辉，2002）。此外，也有学者认为社会资本是外部资源，指出企业社会资本是一种获取外部资源的能力（Yli－Renko，et al.，2002）。

（3）功能说

关于社会资本“功能说”的观点认为，社会资本是能为人的行动带来便利的社会资源。该观点的代表人物是美国社会学家 Coleman，他在 1988 年发表《社会资本在人力资本创造中的作用》一文，从功能角度界定了社会资本，认为社会资本并不是一个单独的实体，而是由两个及以上的实体所组成，这些实体表现出共同的特征，它们是由社会结构中的部分要素所组成，形成的实体又对社会结构内部的相关个人的行动具有推动作用

（Coleman，1988）。Baker 认为，行为主体能够从特定的社会结构中获得资源，且这些资源有助于各相关行为主体追求其各自的利益，这就是社会资本，社会资本是通过行为主体间关系的变化而产生的（Baker，1990）。

（4）关系网络说

所谓社会资本"关系网络说"认为社会资本就是社会关系网络，是嵌入在两个参与者或更多的参与者之间的关系结构，参与者有目的地建立人际关系并且延续下去，以便达到自己的目的。其实，社会资本"关系网络说"是对"资源说"中所描述的"社会资本是通过网络和社会联系获得的资源"的一种抽取。学者指出，社会资本就是指与特定社会中的个人的关系（Putnam，1995）；也包括私人关系网络与那些精英个人或者机构之间的联系（Belliveau，et al.，1996）。有学者对于企业社会资本研究指出，企业社会资本是嵌入于企业和外部组织（政府、供应商、高校等）之间并代表企业与外部组织之间的交换关系，是二者动态交互作用的结果（Sahaym，2005）。

有学者提出，社会资本的本质就是"网络加资源"（Foley and Edwards，1999），其中的根本就是关系网络，因为诸如信任一类的资源都产生于关系网络（张其仔，2004）、依附于关系网络。

（5）结构说

关于社会资本"结构说"的观点认为，社会资本就是指网络结构。学者 Burt 提出了结构洞的社会资本，认为社会资本是指网络结构能够为网络中的行为主体提供信息和资源控制的程度（Burt，1992；Burt，2000），而 Lin 认为社会资本是为了获取预期市场回报在社会关系上投资而形成的一系列嵌入在个人社会网络中的资源，如财富、权力、声誉以及通过个人直接或间接的社会关系不断扩大的网络结构（Lin，1999）。也有学者将社会资本的概念定义为影响人们关系的社会结构构成要素，是生产或效用函数的输入或自变数（Schiff，1992）。Oh 和 Chung 的研究发现，组织结构及其社会关系与组织的社会资本之间存在正相关关系，他们认为组织内群组成员的社会关系结构以及广泛的社会组织结构即为社会资本，通过这些，组织可以接近必要的资源（Oh，et al.，2004）。

（6）规范说

所谓社会资本“规范说”认为社会资本作为企业的一种非正式制度，可以带来企业通过自身可能无法获得的资源，构建有利于企业经营的各种联系。学者 Putnam 等认为，“社会资本是能够通过协调的行动来提高经济效率的网络、信任和规范”，并指出社会资本具有“协调行动”的功能（Putnam，et al.，1994）。社会资本是某种系列的非正式价值观或促进群体成员间合作的共同规范（Fukuyama，1997）。Lin 认为，社会资本就是人们相互作用基础上产生的诸如社会关系网络、信任、社会规范等有助于行为主体经济目标实现的非正式制度因素（Lin，2001）。福山等指出，社会资本是促进群体内合作、获得资源的非正式规范，是一种与正式的、理性设计的制度相对立的制度，具有弥补、修正政治与经济的有效运行（弗朗西斯·福山，曹义，2003）。Durlauf 等认为基于网络过程所形成的行为规范和人们之间的信任就是社会资本，能促成产生好的社会和经济结果（Durlauf and Fafchamps，2003）。

（7）综合性说

所谓社会资本“综合性说”认为社会资本就是关系结构及其嵌入性资源。Nahapiet 和 Ghoshal 认为社会资本是指企业在所拥有的关系网中，企业间或企业内部成员，通过这种关系网络所获得的，或是产生于这些关系网络中实际或潜在资源的总和，包括网络和通过网络动员到的资产（Nahapiet and Ghoshal，1998）。也有学者提出，企业社会资本是指那些能够被企业所控制的，有利于企业实现其目标的，嵌入企业网络结构中显在的和潜在的资源集合（周小虎，陈传明，2004）；是指嵌入关系网络中包含历史传统、行为规范、认知模式、行为范式以及网络成员等对获取资源能力的一种综合（李晓红，黄春梅，2007）。

通过对国内外关于“社会资本概念”文献的梳理，结合本研究的需要，本书采用综合性说视角，将社会资本概括为企业社会关系网络中嵌入的资源和企业对网络中资源的动员能力。

2.2　公共品投资与社会资本的关系研究

企业社会责任已从过去“商人的社会责任”完全变成了一种战略竞争力（Hambrick and Mason，1984）。根据企业社会责任响应理论，企业承担社会责任能够改善企业形象、提升企业的品牌和信誉度，产生企业可用的社会资本（Gray and Balmer，1998），这种资本在企业出现不利事件时充当了一种保险功能，从而保护企业的整体利益（Cornell and Shapiro，1987）。有学者通过实证研究证实了企业履行社会责任可以提升企业的信誉（Schwaiger，2004），也有学者基于世界银行对中国 12 座城市 1268 家工业企业的问卷调研，采用计量模型检验企业承担社会责任对企业社会资本的影响及内在的作用机制，指出企业承担社会责任能够带来企业社会资本的增加，承担社会责任与企业的可持续发展并非此消彼长的零和博弈，而完全可以达到一种双赢的均衡（徐尚昆，杨汝岱，2009）。根据成本理论，企业承担社会责任可能直接降低企业的成本，一方面可以直接减少生产成本，主要是厉行节约、减少浪费等直接提高资源的利用效率，有助于成本节约；另一方面可以降低与社会责任相关的规制风险，并获得政府税收优惠和相关补贴、获得其他财务上的优惠（Schaltegger and Figge，2000），以及降低企业的融资成本（Heal，2005）。

根据工具性利益相关者理论可知，企业承担并履行社会责任的行为有助于深化企业与各个利益相关方之间的联系，进而提升企业在消费者、雇员、供应商、政府以及社会公众之间的声誉和合法性，提高相互之间的信任度，减少搜寻和交易成本以及商业风险，最终达到提高企业价值创造效应的目标（Jones，1995）。已有研究证实，企业承担社会责任提高了企业与各利益相关者之间的契约关系履行的质量和效率，促进了企业与各利益相关者“交易关系”的实现（Donaldson，1999）。

2.2.1 政企间关系

企业参与公共品供给是企业履行社会责任的一种方式。相对于履行社会责任不佳的企业，能够较好地履行社会责任的企业可以更好地获得政府的青睐，履行社会责任是企业构建良好政企关系的载体，也是企业政治联结成本的一个重要组成部分。已有学者证实，企业的社会责任行为有助于企业与政府建立良好的关系（Wang and Qian，2011）。企业社会责任的良好履行，使企业能够赢得良好的社会声誉，能创造积极的商标品牌价值和企业形象，改善企业与员工以及与政府部门的关系（Solomon，1985）。

对于企业而言，政企关系一方面可以对部分规则加以利用并从中获利，比如企业可以在政府政策未出台之前就主动承担相应的社会责任，以此降低未来可能出现的更为严厉的立法威胁（Segerson and Miceli，1998）；另一方面能够从与政府的关系中获得好处，如融资便利、税收优惠、市场准入、法律优待等（Faccio，et al.，2006；Faccio，2002），降低政府的监管风险（Scherer and Palazzo，2011）。特别是民营企业，能够利用政企关系来突破市场壁垒，进入政府管制行业（罗党论，刘晓龙，2009）。对于中国的民营企业而言，最重要的社会资本莫过于政治关联。这使得民营企业履行社会责任时，不单纯是出于利他动机，更是一种战略意识（张萍，梁博，2012）。由此可见，企业履行社会责任的动机，更多的是企业通过在政府需要时响应号召向其提供支持以便获得政府官员的好感与信任，进而利用这种良好关系实现企业的持续经营（Neiheisel，1994），但也有部分拥有政治关联的高管出于各种自身目的，比如为了获取政府和社会公众的认可，或是出于对自身更高的道德要求，而选择采取慈善捐款等高尚的道德行为（Ma and Parish，2006）。

对于政府而言，良好的政企关系能够对企业的激励、监督作用弥补了相关制度缺失的不足，有助于政府与企业的良性互动与合作进而提升企业社会责任履行水平，使政府在企业社会责任履行中发挥了主导性的推动作用。同时，政府基于社会稳定、增加就业与政治晋升等目标也会促使政治关联型企业履行更多的企业社会责任，政治关联在促进企业社会责任履行中发挥了政企纽带作用（王能，2017）。

2.2.2 企业间关系

对企业而言，供应商是其价值链中重要一环，能够直接影响其生存和发展。随着战略合作伙伴关系的发展，企业与供应商、分销商以及零售商之间的关系也发生了变化，由单纯的交易关系、对手关系转变成一种更为紧密的合作关系（赵存丽，2014）。合作伙伴是一种基于相互信任、公开化、共担风险与共同获利的特定的商业关系（Lambert，et al.，1996），是一种共同投入、共担风险并共享收益的制度安排，各个合作伙伴之间在许多问题甚至是细节问题上达成一致才能保证合作关系的正常运行，而对诸多问题达成一致的谈判成本往往是巨大的。企业建立和运作合作关系的成本也是不容忽略的，包括：一旦外部环境出现改变，企业研判原有的合作关系能否存续、如何对原有的合作关系进行调整也将增加信息搜索成本；解决合作中利益冲突和决策争端的沟通成本；防范机会主义的监督成本。若合作伙伴间相互信任，则信息沟通更为坦诚和有效，有助于降低对于详细的契约和完善的监督的依赖，导致交易成本的直接下降，进而提高合作关系的运作效率（程凯，2001）。

企业履行社会责任的行为能够提升情感声誉和认知声誉，进而影响利益相关者对企业的评价及合作意向，并增强企业与合作伙伴之间的信任。

企业在寻找合作伙伴时，更希望将合作机会给予将承担社会责任视为己任的企业，而不考虑不具备这种属性的企业（Barney and Hansen，1994）；企业良好的声誉可以吸引更多、资信状况更好的供应链上下游企业（毕楠，2012）。企业履行社会责任能够获得良好的声誉，有助于增加企业间的合作投入和合作收益。企业良好的声誉与知名度，可以有效地推动各企业之间进行联系与交流，促使企业间形成共同认可的规范与相互期待，有助于降低机会主义行为，减少经济交易中的不确定性，有利于交易成本的降低（Li，2006），以及质量、交货期、柔性等方面的改善，即增强合作关系的灵活性（程凯，2001）。

2.2.3 企业与消费者关系

消费者是市场经济的主体，是企业提供产品或者服务的最终消费目标，因此建立好企业和消费者之间的关系显得尤其重要。现有文献表明，企业是否履行社会责任已被消费者关注（Carrigan and Attalla，2001）。当市场的力量回馈企业行为时，企业会自愿采取承担社会责任的行动，换言之，消费者的选择是企业承担社会责任最有力的拉动力（Bhattacharya and Sen，2004）。已有学者证实了企业的社会责任表现对消费者购买意向有显著影响（周祖城，张漪杰，2007）。如果企业能够积极履行社会责任，从长期来看，能够提高消费者对于企业产品和服务的信任度及满意度，而企业本身的信誉度也能提高，有利于其产品的销路以及服务领域的扩展，有助于企业经营。

对于企业来讲，履行社会责任的过程是展现其实力、证明其能力的过程，能够增加消费者对于企业的信任，因而提升了外界对企业信誉的评价（Sen and Bhattacharya，2001），影响顾客对产品的态度（Berens，et al.，2005）。由于竞争者在短期内无法改变其公司形象，从而使拥有积极社会责任形象的企业获得持续的竞争优势（Gupta，2002）。同时，企业履行社会责任可以改善其与消费者之间的关系，有助于提升消费者的购买意向和忠诚度（Du，et al.，2007）。相关研究也支持该观点，企业承担社会责任会影响消费者对企业产品的响应（Brown and Dacin，1997），企业承担社会责任越多，消费者的购买意向越强，且作用大于价格对于消费者的购买意向的影响（Mohr and Webb，2005）；企业承担社会责任对顾客忠诚度具有显著的影响（Luo and Bhattacharya，2006），有学者认为企业承担社会责任的本质是一种营销，企业社会责任的履行可以显著影响消费者的“购买行为”，提升消费者对企业的忠诚度（Pivato，et al.，2008）。

此外，也有不少学者从其他利益相关者视角对企业承担社会责任获得社会资本进行研究。企业承担社会责任可以吸引并留住高素质人才，并激励员工。相关研究证实，具有强社会责任感的企业通常更能吸引优秀人才，从而可以减少周转资金，节约新员工招聘及培训成本（Turban and Greening，1997）。这为以后企业提高效率提供了人力资源支持，而提高效率会增加企业价值（Albinger and Freeman，2000）。企业积极承担社会责任促进了银企关系资本的生成。相关研究证实该观点，其中，有学者利用美国公司提供的 3996 笔贷款样本，检验了企业社会责任与企业银行债务之间的关系，发现社会责任表现最差的企业支付的融资费用高于社会责任表现最好的企将近 20 个基点（Goss and Roberts，2009）；也有学者借助风险缓解理论，探讨了企业社会责任的改善能否降低企业的债务融资成本，运用中国数据检验发现，当企业的社会责任投资低于最优水平时，通过改善企业社会责任会显著降低其债务融资的成本，但企业社会责任投资超过最佳水平后，这种关系就会逆转（Ye and Zhang，2011）。

2.3 社会资本与企业收益的关系研究

2.3.1 理论分析

笔者通过查阅相关文献发现，有学者研究企业社会资本对企业绩效影响的作用机理，对现有的研究成果归纳起来，主要是从资源获得和交易成本两个视角展开研究。

首先是资源获得的视角。Poetes 等学者基于社会资本是一种处在网络或更广泛的社会结构中的个人动用稀缺资源的能力这一概念展开研究，指出社会资本能够协调团队行动，进而提高社会的效率（Porta, et al., 1997）。企业社会资本可以通过促进不同企业之间或企业内部不同部门间的资源交换和整合以提升企业价值创造水平（Moran and Ghoshal, 1996）。陈传明等从企业家的视角，指出社会资本在动员和利用企业内外的稀缺资源、节约交易成本，从而在促进企业经营绩效的改善以及企业生存和发展能力的提高等方面有着广泛的贡献（陈传明，周小虎，2001）。王华等认为社会资本对企业外部异质性资源的获取和企业内部对资源的整合和创造（王华，陆艳，2007）。Westlund 等认为企业家社会网络资本根植于当地的文化传统中，是商业机构之间合作的产物，对企业家起着支持作用，其目的在于获取资源并谋求更大的商业利益（Westlund and Bolton, 2003）。

其次是交易成本的视角。Williamson 认为，所有关系都可以被看作是建立企业间合作的机会或是降低企业间交易成本的润滑剂（Williamson, 1985）。饶扬德通过对企业社会资本和企业竞争力的理论分析，认为企业内部的社会资本有利于促进企业知识特别是隐性知识的挖掘、转移、传播和共享，提高企业的经营绩效（饶扬德，2005）。郑美群等从理论上分析社会资本对高技术企业绩效的作用，认为企业社会资本可以降低企业的交易成本和提高企业的技术创新能力，进而影响到高技术企业的绩效（郑美群，等，2005）。Hsieh 等认为社会资本能够减少新产品的开发周期和开发成本，进而提高企业绩效（Hsieh and Tsai, 2007）。Chatterji 等提出企业与产品用户保持创造性的协作关系有助于提升企业的产品创新绩效（Chatterji and Fabrizio, 2012）。Laursen 等从企业外部和内部两个角度构建了中小企业获取持续竞争优势的理论框架，认为企业竞争优势主要来源于社会资本作为行为主体间知识和信息转移的渠道，有利于降低搜索和交易成本，消减合作与互动中的不确定性，进而提高企业创新能力与绩效结果（Laursen，et al.，2012）。

但是，有学者研究指出，由于关系难以维持和共享，企业家社会资本对于企业绩效的正面提升有限（Fan，2002），随着市场化进程的推进，关系、网络对于中国企业竞争优势的作用在逐渐下降（Child and Tse，2001；Guthrie，1997）。甚至有学者研究指出企业社会资本存在负面影响。Luo 等认为，如果企业的关系网过于复杂，反而会减弱企业战略和企业绩效之间的正向关系（Luo，et al.，2007）。Noordhoff 等研究发现供应商与客户之间嵌入性链接可能削弱客户创新知识对供应商创新能力的正面影响（Noordhoff，et al.，2011）。

2.3.2 实证分析

关于社会资本与企业绩效的关系研究，当今学术界开展的研究可为成果丰富，实证研究的结果对二者的关系没有一个明确的定论。一些学者认为社会资本与企业绩效是正向的关系，部分学者认为二者的关系并不显著，其他学者认为社会资本与企业绩效是负向的关系。

（1）正面影响

前文已对国内外学者关于社会资本与企业绩效之间关系的定性研究进行梳理，认为企业社会资本有助于企业通过这些联系获取更多的社会稀缺资源、减少交易成本、增强企业竞争力，从而提升企业品牌价值，也就是说社会资本有助于企业改善其经营业绩。国内外许多学者从定量的角度进行了探讨，大量的研究结论支持该观点。

有学者使用韩国 195 个公共部门组织的样本，进行实证研究发现，社会资本有助于提升韩国科技公司的财务绩效（Lee，2001）。有学者采用企业与其最大客户的关系来测量企业的社会资本，并利用英国 180 家高技术企业样本数据，对社会资本与企业竞争优势的关系实证分析，表明企业社会资本可以影响企业的竞争优势（Yli－Renko，et al.，2001）。有学者利用加纳企业的数据，分析企业特定管理经验对社会资本与绩效之间关系的直接和调节作用，发现由企业管理者的社会关系网络构成的社会资本有助于提高企业的绩效，同时指出不同的竞争战略导致企业社会资本不同效果作用于企业绩效（Acquaah and Appiah－Nkrumah，2011）。也有学者以中国企业为例展开研究，其中有学者选择在中国的262家企业作为样本，分析客户关系、业务伙伴社会资本和管理机构社会资本等对企业绩效（战略和财务）的直接、相对和协同效应，研究发现企业同商业伙伴、供销商等合作关系建立的社会资本对企业经营绩效也会有巨大的影响（Luo，et al.，2004）；也有学者仅以中国企业管理者社会关系为研究对象，发现企业管理者与其他企业管理者以及与政府官员的社会关系有利于改进企业绩效（Park and Luo，2001；Peng and Luo，2000）。另外，也有学者对华人家族企业进行分析，认为华人家族企业家所拥有的社会关系资本对其创业以及企业的可持续发展有着重要影响（储小平，李怀祖，2003）。

有学者通过实证分析验证了社会资本影响企业绩效的作用机制。其中，有学者利用调查的227家中小企业数据进行实证研究发现，企业社会资本有助于中小企业开拓创新的创业思路、促进这些企业之间进行知识与信息的合作和共享，进而提升中小企业的创新和经营绩效（Coleman，1990）。有学者利用275家上市企业的样本数据，对人力资本和社会资本影响企业在成长阶段积累金融资本的能力以及上市后业绩进行检验，结果表明社会资本利用企业资源基础的生产力，为企业提供了持久的竞争优势来源（Florin，et al.，2003）。有学者对广州的188家公司的研究也发现，CEO高水平的社会资本——其中企业与政府间的垂直关系是最重要的渠道——能够提高生产能力和经营业绩（边燕杰，等，2004）。特别是民营企业，其通过采取政治关联的策略，能增加其进入管制行业的可能性，提高企业经营效益（罗党论，唐清泉，2009）。也有学者通过研究制造商供应商与零售商这两个维度的社会资本，发现其对企业绩效在规范和强度上有显著正效应（Kumar，et al.，2011）。此外，有学者认为，社会关系对于中国企业获取稀缺资源具有重要作用，且这种因关系而获取稀缺资源的能力是企业成功的关键因素（Claessens and Fan，2002；边燕杰，丘海雄，2000）。有学者从政府关系、金融机构关系以及与渠道伙伴关系三种社会资本分析其与企业绩效间的关系，检验表明，政府关系、金融机构关系对于企业绩效有直接的正向影响；而与渠道伙伴关系通过组织间学习的部分中介效应对企业绩效产生间接促进作用（刘衡，等，2010）。

也有学者进一步研究影响社会资本与企业绩效关系的因素。有学者研究了企业关系性社会资本对企业价值的影响，通过企业相互依赖性因素的中介作用证明了关系性社会资本的丰富程度会显著影响关系主体价值（Ahuja，2000）。有学者通过实证研究英国中小企业社会资本与企业绩效之间的关系发现，相对于未充分利用社会资本的企业而言，充分利用的企业具有更高的绩效（Cooke and Clifton，2002）。有学者以意大利集群产业中的新创高科技企业作为研究对象，经过实证研究指出社会资本的强弱关系正向影响企业的财务绩效（Pirolo and Presutti，2010）。

此外，也有学者实证分析了企业内部社会资本对企业绩效的影响。其中，有学者通过对中国6个城市的22家国有企业中数名职工进行调查，以企业中个人之间合作程度的高低来测量企业的社会资本。统计分析结果表明，不同形式的社会资本对企业效益的影响并不相同，并指出，对国有企业来说，存在于工人与管理者之间的社会资本对企业的盈亏有显著影响（张其仔，2000）。也有学者以一个跨国的大型电子企业为样本进行了实证研究，主要研究企业内部资源交换和产品创新与企业内部业务部门中社会资本的关系，实证研究的结果表明业务部门间的资源交换很明显受到社会交互和信任的积极影响，结果支持了 Nahapiet 和 Ghoshal 提出的理论模型

(Tsai and Ghoshal, 1998)。

(2) 负面影响

虽然社会资本可以为企业带来更多收益、提高企业绩效，但由于企业面临的社会关系较为复杂，并且学界对社会资本与企业绩效作用关系的“黑箱”挖掘不够，所以在企业获得、利用社会资本的过程中，也不免会存在一定的风险性。有学者研究发现，网络嵌入性对企业经济绩效具有的正向效应达到一定阈值后，过度嵌入导致企业对外部环境震荡的脆弱性或屏蔽了现有网络之外的新知识，而使网络嵌入性对企业绩效产生负面效应(Uzzi, 1997)。有学者认为企业家的纵向关系网络和政治身份对公司短期绩效具有显著的负面影响，这与部分实证结果一致，主要由于中国市场化取得了巨大进展从而削弱了企业对政府的依赖和社会资本功效的滞后性所致（孙俊华，陈传明，2009)。有学者指出，如果企业的关系网过于复杂，反而会减弱企业战略与企业绩效之间的正向关系（Luo, Hsu and Liu, 2007)。也有学者从供应链管理的视角对两者关系进行研究，发现社会资本与企业绩效之间具有倒曲线关系，认为社会资本太多或太少都有可能有损企业绩效（Villena, et al., 2011)。

(3) 影响不确定

还有学者从其他方面对社会资本与企业绩效之间关系进行研究，发现社会资本对企业绩效的影响并不确定。例如，有学者利用 1995 年、1999 年有关 75 名俄罗斯企业家的访谈资料，从社会嵌入的角度考察了后苏联时期企业家社会资本对企业绩效的影响，发现关系嵌入性和资源嵌入性对企业绩效有直接的正向影响，而结构嵌入性对企业绩效没有直接的正向影响（Batjargal, 2003)。也有学者认为企业所处的发展阶段对两者的关系具有调节作用，通过研究发现，企业所处的发展阶段不同，社会资本对其影响作用也会不同，即社会资本对企业发展的影响依赖于企业所处的具体环境（Sheng, et al., 2011)。有学者进一步展开研究，利用 261 家企业的样本数据进行实证研究，结果表明：(1) 管理层社会资本与进入成熟稳定期之前的企业财务绩效具有“U型”关系，与处于成熟稳定期的企业财务绩效具有“倒U型”关系。(2) 供应商社会资本与进入成熟稳定期之前的企业财务绩效具有“U型”关系，与处于成熟稳定期的企业财务绩效具有“倒U型”关系。(3) 客户社会资本与进入成熟稳定期之前的企业非财务绩效具有“倒U型”关系，与处于成熟稳定期的企业非财务绩效具有“U型”关系（唐方成，申子雯，2014）。

2.4 公共品投资与企业收益的关系研究

有学者通过对企业履行社会责任的动因分析，指出动因包括经济、制度和道德三个因素，并认为这三个因素之间并不是孤立的，经过组合可以形成7种类型的动因。兼顾三种动因下的企业通过承担社会责任实现各个方面的期望，是最理想的；纯粹出于道德动因的企业社会责任很少，并且道德动因与经济动因很难区分，因为有些道德动因下的企业往往是为了追求长期的经济利益（Sehwartz and Carroll，2003）。有学者在上述分析的基础上进一步研究，认为经济动因是最根本的（Joseph，2002）。由此可见，大部分企业承担社会责任是为企业带来财务上的增长。

虽然社会责任与企业业绩之间存在相当复杂的关系，但大部分研究文献支持企业社会责任对企业绩效具有正面影响。其中，有学者对1972—1997年51份实证研究的文献进行初步分析发现，支持企业社会责任和经营业绩正相关的文献占多数（Griffin and Mahon，1997）；有学者进一步对这些文献进行统计分析，发现有32份文献支持企业社会责任与公司业绩正相关，14份文献显示未发现两者之间存在关系，其余5份文献显示社会责任与公司业绩负相关（Roman，et al.，1999）；也有学者基于过去四十年的251份实证研究文献，运用元分析方法，对企业社会责任与企业绩效之间的总体关系进行检验，发现从总体上说，企业社会责任对企业绩效存在正相关关系（Moser and Martin，2012）。此外，还有少数研究认为企业承担社会责任与其绩效之间不具有固定关系。下面本书分别对二者之间相关性研究进行综述。

（1）企业社会责任与企业绩效之间存在正相关

很多国内外学者通过对企业社会责任与企业财务绩效关系研究，发现两者呈正相关关系。有学者利用标普500中的469家企业的数据，对财务绩效和社会责任之间的联系进行实证研究，结果显示：得出企业当年的社会责任表现会对下一年的股东报酬率、资产报酬率和营业收入报酬率有正向显著影响的结论（Waddock and Graves，1997）；有学者对上市企业展开研究，通过事件研究股市对社会不负责任和非法行为发生率的反应，发现股票市场对有非法和不负社会责任行为的企业之反应是负面的，并据此反映社会责任与财务绩效呈正向关系（Frooman，1997）；有学者对金融机构展开研究，通过对美国国有银行1993—1994年的企业社会责任指标、经济绩效指标进行比较研究，发现国有企业履行社会责任能够增加企业绩效（Simpson and Kohers，2002）；有学者对PPP模式展开研究，认为民间社会资本进入公共事业，使得公共事业发展明显加快，公共事业企业的绩效得到了明显改善（仇保兴，2007）。也有学者采用案例分析，发现国有企业社会责任与绩效之间存在显著性正相关关系的结论（Carroll and Shabana，2010）。此外，有学者利用2002—2004年调查的台湾1000个案例，对企业履行社会责任与绩效之间关系进行实证分析，发现企业社会责任与财务绩效之间存在正相关关系，并指出，企业社会责任对短期财务绩效没有太大的积极影响，但它确实提供了显著的长期财务优势（Lin，et al.，2009）。

根据工具性观点可知，企业是为了更有利可图才承担社会责任，由此可见，与获取竞争优势的其他手段相比，承担社会责任也是企业获取竞争优势的一种手段，两者并没有本质上的区别。企业通过承担社会责任获取竞争优势的途径是满足利益相关者的利益要求→建立高质量的利益相关者关系→获取竞争优势（郑海东，2007）。建立良好的、高质量的利益相关者关系可以减少风险、促进创新、提高声誉、扩大市场和增加机遇等，进而为企业带来竞争优势（Wheeler，et al.，2003）。

社会责任可以通过增进企业与利益相关者的关系来提高企业绩效。企业通过履行社会责任从市场获得许多货币价值和非货币价值来改善企业绩效（Weber，2008），比如，可以改善与监管层和其他利益相关者的关系，从而节约交易时间和交易成本，获得进入某一业务和市场的便利，提高交易效率（Epstein and Roy，2001）。其中，有学者以公司并购为背景，研究了企业社会责任与利益相关者价值之间的关系，发现企业社会责任能够促进并购绩效（Deng，et al.，2013）；有学者从资源整合的视角分析，认为社会责任活动有利于整合企业资源与社会资源，有利于企业与社会的共同发展，从而会从整体上改进企业绩效（Kramer，Porter，2007；Munilla and Miles，2005），另外，社会责任能通过提高企业商标形象，生产社会责任特质产品，开发社会责任敏感市场提高企业销售收入（Hasen，2004）；有学者从政企关系的视角分析，认为企业社会责任可能有利于企业税收减免，从而降低经营成本（Preuss，2010）；有学者从代理成本的视角分析，民间股权投资进入导致公共事业企业所有制改变，可以有效抑制国有企业固有的“搭便车”和“代理”问题，民间资本成为大股东后，企业绩效将显著提升（Vining and Boardman，1992），此后有学者实证检验了企业社会责任与企业股东反应之间的关系，发现企业社会责任能够显著地促进公司股价（Flammer，2012），间接验证了企业社会责任可以降低代理成本，从而提升财务绩效（Cheng，et al.，2011）；有学者从风险的视角分析，运用事件研究法分析发现，企业承担社会责任足以降低负面特殊事件的发生概率及能增加负面事件发生时的承受能力（Tsoutsoura，2004）。此外，有学者从企业一线员工的角度分析，基于社会认同理论，发现企业社会责任能够促进企业顾客导向战略，从而提升员工的工作绩效（Korschun，et al.，2014），以及就乡村社会资本进行研究，认为乡村社会资本能够增强组织内部成员间的信任，从而有利于集体行动（Hatak，et al.，2016）。

（2）企业社会责任与企业绩效之间存在不相关

企业承担社会责任对于企业绩效并未产生显著影响。有学者对企业社会责任与盈利能力之间的关系进行了研究，发现无论从长期还是短期来看，两者不存在显著的相关关系（Aupperle，et al.，1985）。公共事业领域中私有化与企业绩效的影响关系也值得深究。有学者通过对 PPP 带来的所谓的收益分析，认为其从某种意义上来自政府与私人企业给予员工的薪酬与福利差额，仅是一种财富转移而非创造效应（Cubbin，et al.，1987）。有学者通过估算亚太地区水务公司样本的随机成本，发现私营公司的效率与公共公司的效率没有显著差异（Estache and Rossi，2002）；也有学者通过对英格兰和威尔士的供水和污水行业的私有化研究发现，虽然私有化后技术变革有所改善，但生产力增长并未改善（Saal，et al.，2007），这表明所有制改变并没有显著提高企业绩效。

有学者认为现有的社会责任和财务绩效关系计量研究中存在一个特殊缺陷，即无法控制研发投资，并在正确指定模型后，展开实证研究发现，社会责任对财务业绩有中性影响（McWilliams and Siegel，2000）。学者以澳大利亚为企业样本，探讨了企业社会责任企业财务绩效之间的关系，并进行实证检验，结果显示，企业社会责任与财务业绩之间没有统计上显著的关系（Brine，et al.，2007）；也有学者对 2005—2006 年在西班牙《经济日报》上披露的 124 家上市企业进行研究，发现企业社会责任与其企业财务绩效之间不存在显著相关性（Gil－Estallo，et al.，2009）。

（3）企业社会责任与企业绩效之间存在负相关

企业承担社会责任对于企业绩效产生负面影响。有些学者从理论展开研究，其中，有学者认为，如果企业在决策时将社会责任考虑在内，则会增加企业成本，从而对企业的财务绩效产生不利影响（Bragdon and Marlin，1972）。也有学者指出，企业履行社会责任仅是管理者为了追求个人声誉和地位的非理性行为，对于企业绩效而言，不能带来任何积极影响（Haley，1991）。有些学者进行了量化分析，其中，有学者以451家英国上市公司为研究对象，运用面板数据进行回归分析，结果显示企业社会责任与企业财务绩效负相关（Brammer，et al.，2006）。有学者选择加拿大社会投资数据库中179家企业的2004—2005年的数据作为研究样本，通过因果检验方法，发现企业社会责任与企业财务绩效没有显著关系，进一步研究发现环境维度的企业社会责任与企业财务绩效之间具有显著的负相关性，表明企业履行社会责任会减少企业利润及降低股东财富（Gargouri，et al.，2009）。有学者讨论了美国公司的民主党和共和党背景与企业社会责任之间的关系，分析企业社会责任评级的增加与未来的负股票回报和企业资产回报率的下降有关，这表明社会责任给利益相关者带来的任何“好处”都是直接损害企业价值（Di Giuli andKostovetsky，2014）。

（4）企业社会责任与企业绩效之间存在其他关系

有些学者认为企业社会责任与企业绩效之间的关系是不确定的。其中，有学者通过评估30年来公司社会责任与财务绩效之间的经验关系，指出社会责任和企业财务绩效是不确定的关系（Margolis and Walsh，2003）；有学者通过对企业社会责任进行短期和长期的观察发现，在短期内企业履行社会责任可能会对企业财务绩效造成消极影响，但是从长期来看，企业履行社会责任将对企业声誉等方面产生促进作用，从而增加企业财务绩效（López，et al.，2007）；有学者基于顾客的视角，讨论了顾客意识对于企业社会责任与企业绩效之间关系的调节作用，并指出，企业社会责任促进企业绩效是基于一定的条件下才会发生的（Servaes and Tamayo，2013）。也有学者认为，在不同制度背景下，企业社会责任与企业财务绩效的影响是不一致的，即这二者之间的关系具有情境依赖性（王倩，2014）。

2.5 文献评述

自企业社会责任被提出以来，学术界与企业界一直对企业承担社会责任是否会增加企业成本，进而影响其经营绩效存在争论和担忧。随着对企业社会责任认识的不断深入，管理者不再视其为增加企业成本、破坏企业营利能力、阻碍企业发展的因素，而将其视为提高企业财务绩效的一种战略资源；企业社会责任与企业财务绩效的关系一直是学术界研究社会责任领域首要的研究主题，但经过多年的发展学术界仍未对该问题取得一致认识。本书从根据利益相关者理论和社会资本理论视角来展开分析，系统全面地梳理两者的关系，不同利益相关者的引入，使得企业社会责任与企业财务绩效的关系更加翔实、准确，但是已有研究缺乏对这一关系上的“主线”及其相互之间的内在逻辑联系进行清晰的梳理，致使这一关系看上去错综复杂、盘根错节。

通过对已有研究文献的系统梳理，本书认为应将社会资本理论背后的作用机制中作用对象的不同纳入分析框架，有助于拨开笼罩在这一关系之上的迷雾。鉴于此，本书在充分考虑作用机制中作用对象不同的前提下，构建了一个关于企业参与公共品供给影响企业绩效的整合性框架，为推动学术界和企业界对企业参与公共品供给现象的准确认识，提供一定的理论借鉴。从理论角度看，本书初步的贡献在于从直接和间接两个方面梳理了社会资本的作用机制，有助于理论研究者，尤其是新进入者尽快把握企业参与公共品供给与企业绩效之间的关系。

前人的研究结论呈现出异质性，这引发笔者进一步思考已有研究是否遗漏重要影响因素。已有文献中发现存在一些因素对企业社会责任与企业财务绩效之间的关系具有调节作用，学者尚未对其足够的关注与重视。研究调节因素的主要价值，体现在调节因素可能会改变企业社会责任与利益相关者回馈之间的关系，进而影响企业绩效。因此，本研究进一步识别调节企业参与公共品供给与企业绩效之间关系的因素，并将围绕调节因素对企业行为结果的影响，梳理相关理论，为实证检验其的调节作用提供理论指导。

3 研究模型和假设

3.1 研究模型

公用事业产品和服务目标定位于准公共品，而在具体的经营过程中却遵循企业和市场模式。因此准公共品具有双重属性，既具有企业所追求的利润目标，即合理投资回报（保障企业在维持生产和扩大再生产之外收益），也包括社会目标，即在安全、稳定、可靠的基础上，为社会和居民提供普遍、持续的产品和服务，确保其具有优良的质量、合理的价格和充足的数量（查勇，梁云凤，2015）。私人营利部门（公司或企业）采用市场交易的方式组织实现公共品的供给，其本质是以营利为目的。因此，本研究将分析私人营利部门（公司或企业）从提供公共品中获得的收益。

在中国主板股票市场的历史上，影响上市标准的“成分论”“规模论”，导致只有业绩良好的优质大中型企业才能取得上市资格，这在一定程度上说明上市企业比非上市企业产生更好绩效。有学者进一步研究指出，不是所有产业内上市公司绩效都优于非上市公司，如完全竞争性产业内非上市公司绩效往往优于上市公司，同时，发现上市能够显著提升资本密集型企业绩效（王凤荣，李靖，2005）。也有学者提出，股份制改造上市后的企业绩效并不会在短期内得到改善，但从长期来看，企业的绩效应该是逐渐改善的（郝清民，2004）。综合上述内容，在某种程度上揭示了一点：上市公司绩效可能优于非上市公司。因此，对于企业投资公共品的收益而言，企业是否上市可能是一个较为重要的调节变量。

高新技术企业是以高新技术为基础，从事一种或多种高新技术及其产品的研究、开发、生产和技术服务的企业集合，是知识密集、技术密集的经济实体。由于高新技术企业性质的特殊性，相对于传统企业，高新技术企业的产品技术含量高，产品异质性程度大，企业经营过程中无须借助政府行政力量来打开市场销路或树立产品市场壁垒；高新技术企业的管理者在学历、创业前的职务、社会交往时间及其他关系资源拥有量等方面都显著高于传统企业家（耿新，2008），科技型企业的经营成长绩效和创新绩效也优于传统企业。但高新技术企业由于创新活动具有很高的不确定性（王轶英，2018），导致其面临的风险要高于传统企业。由此可见，高新技术企业投资公共品的项目收益可能异于传统企业。因此，对于企业投资公共品的收益而言，企业是否为高新技术企业可能是一个较为重要的调节变量。

不同行业企业的最优资本结构都是各不相同的，不同的行业有着各自特定且稳定的资产结构和收益来源。特别是房地产（建筑）行业，在中国城市旧区改造和新区建设加快的背景下，房地产（建筑）业向前发展的速度是前所未有的，这也导致了房地产（建筑）行业的利润远高于绝大多数行业的平均利润（张岗，2002）。政府掌握着大量的社会资源，在资源配置方面具有很强的话语权，特别是土地资源和金融资源是房地产（建筑）行业赖以生存和发展的基础，政府对这两类资源具有很强控制力。因而房地产（建筑）企业有动力承担社会责任来建立和维持良好的政企关系，来获取发展中所必需的要素。因此，对于企业投资公共品的收益而言，企业是否有房地产投资和建设背景可能是一个较为重要的调节变量。

不同的所有制性质在中国意味着政府干预力度及经营目标的重要差异（唐鹏程，杨树旺，2016）。相对于民营企业，国有企业无论在财税还是在政治上均能够得到政府更多的支持（Qian，1994），并形成政府与国有企业互助关系（廖冠民，沈红波，2014）。虽然有学者研究认为，国有企业承担了大量的政策性负担（吴联生，2009），导致国有企业绩效相对较低。但也有学者指出，国有企业适度承担社会责任有助于塑造良好的社会形象，获得融资优惠和政府补贴，以及更有效的司法保护（廖冠民，沈红波，2014；林毅夫，李志赟，2004）。综合上述内容可知，不同所有制性质的企业，因其与政府关系的不同，使得企业获得稀缺资源方面具有天然的差异。因此，对于企业投资公共品的收益而言，企业所有制性质可能是一个较为重要的调节变量。

投资公共品是企业承担社会责任的重要形式之一，而企业社会责任与企业利益相关者之间有着天然的联系，同时社会资本也是由企业利益相关者构成的联系（Waddock and Graves，1997），使得企业通过参与公共品供给来承担社会责任，实现企业对社会环境的特殊投资，即建立社会资本。有学者通过整合利益相关者理论和资源理论，提出假设："CSP－CFP"之间存在互为因果的关系，无形资产对两者关系起到中介作用。并指出高成长行业利于形成"企业社会责任—无形资产—企业财务绩效"的双向关系（Surroca，Tribo and Waddock，2010）。在对企业行为及其绩效的解释过程中，企业社会资本扮演的角色越来越重要（石军伟，等，2007），大部分相关研究结论支持该观点，即在企业社会责任与企业财务绩效关系中利益相关者发挥了中介作用。

有学者认为，在经济转型过程中，资源分配体制是计划分配机制和价格机制并存的，在此背景下，企业同时交往两种体制中的关系人，在社会网络机制作用下凝聚了不同的社会关系网络，产生了等级制社会资本和市场社会资本两类结构、性质与功能大不相同的社会资本（石军伟，付海艳，2010）。本书借鉴社会资本这两个维度的分类，即企业与政府及其相关机构建立良好政企关系而获得的政府性社会资本、与上下游以及相关企业构建全面的关系网络而获得的市场性社会资本。梳理利益相关者理论、资源理论和声誉理论的作用机制，发现社会资本不可能在某一项目中发挥全部作用，故将企业项目分为公共品以及其他两类项目。接下来，我们将结合两个分类所暗含的资本效应做出简要的分析。

企业与政府建立良好的联系可以使企业与政府感知到相互的信任，减少了合作面临的不确定性或复杂性，阻止机会主义行为，从而增大了降低合作成本的可能性，进而减少合作成本。在已有研究中发现，企业的社会责任行为有助于企业与政府建立良好的关系（Wang and Qian，2011），随着双方相互了解的不断深入以及对契约的顺利履行有助于相互间默契的形成（隋敏，2012），也使企业与政府合作的前景更加广阔，可操作性得到了加强，激励双方积极开展专用性投资。企业与政府间良好的联系不但能够有效降低公共品供给合作的机会主义行为，而且能使双方在公共品供给中的合作更加灵活。综合上述内容，在某种程度上揭示了一点：企业与政府间的良好联系可能是企业投资公共品获取的重要资源，我们称为“政府性社会资本”。因此，本研究将政府性社会资本作为主要变量之一吸收到模型中。

企业与相关企业间关系网络的改善，可以赢得利益相关者的积极回应，直接影响项目收益，进而间接地提升企业财务绩效。根据已有的研究，企业如果拥有良好的关系网络资源，与供应商保持良好关系，相互间的信任不断加深，不但可以有效降低获得信息的成本（Burt，2009），而且可以节省讨价还价过程的时间成本、契约制订成本和执行费用（周小虎，2006）。同时，相互间的信任也可以促进一系列难于定价却能丰富组织竞争和克服困难能力的财富交换（Uzzi，1997）。综合上述内容，在某种程度上揭示了一点：本企业与关联企业间的关系网络可能通过企业投资公共品行为得到了强化，我们称为“市场性社会资本”。因此，本研究也将市场性社会资本作为主要变量之一吸收到模型中。

价值链、市场机会和声誉是企业市场能力的主要影响因素。价值链并不是一些独立活动的集合，而是相互依存的活动构成的一个系统（万泽滢，2001），价值链整合使价值链中成员在组织目标、顾客价值上有了更一致的认识，可以以更有效的方式为顾客创造价值。价值链整合带来的增值部分，经过顾客感知才能转变为公司绩效。企业对机会的认知水平越高，其产生的创意也就越有价值，更有可能在现有的环境条件下形成可行的创业机会（吕明非，彭灿，2009）。良好的企业声誉一方面能够留住人才并吸引更优秀的员工（Turban and Greening，1997），另一方面可以提高顾客忠诚度（Fombrun and Shanley，1990），此外能够为企业在投资者面前赢得更有利的谈判地位。这说明企业的市场能力越强，企业的市场竞争优势就越强。因此，本研究也认为企业的市场能力对于企业收益产生影响。

企业与政府间的关系属于特别的强网络连接，有利于企业较方便地获取所需的政治或政策资源，进而促使企业经营绩效得到提升（贺小刚，李新春，2005）。已有研究显示，政企关系资本对于企业获取更多、更为优惠的银行贷款等稀缺资源能够产生重要的间接影响（隋敏，2012），有利于企业得到政府补贴、税收优惠、进入受政府管制的行业（罗党论，刘晓龙，2009；余明桂，潘红波，2008）以及更加便利地获取更多的社会稀缺性资源（Faccio，2002），从而更加强化了银企关系资本对企业价值创造的正面效应。综合上述内容，在某种程度上揭示了一点：企业与政府间的关系可能是事关企业发展的重要资源，资源变现的路径多集中在“财税优惠”。因此，本研究也认为企业享受的“财税优惠”对于企业收益产生影响。

综上所述，企业是否上市、是否为高新技术企业、是否为房地产（建筑）企业以及企业所有制性质，对企业公共品“投资—收益”具有调节作用；企业投资公共品对企业收益产生积极影响，主要通过社会资本和溢出效应的中介作用来起到建立两者桥梁的作用。社会资本减少了企业投资公共品的成本，是通过政府性社会资本改善企业与政府的关系、市场性社会资本改善企业间的关系等路径来实现。溢出效应减少企业投资其他项目的成本，对企业收益产生正向影响，一方面是通过市场能力来整合企业价值链、发现并把握市场机会，通过企业声誉和知名度吸引人才，另一方面是通过获得政府财税优惠政策、银行等金融机构低成本资金等路径来实现。也就是说企业投资公共品的行为不但影响该公共品项目本身的收益，而且也影响企业其他项目的收益，最终影响到企业的整体收益。本书的研究模型如图 3－1 所示。

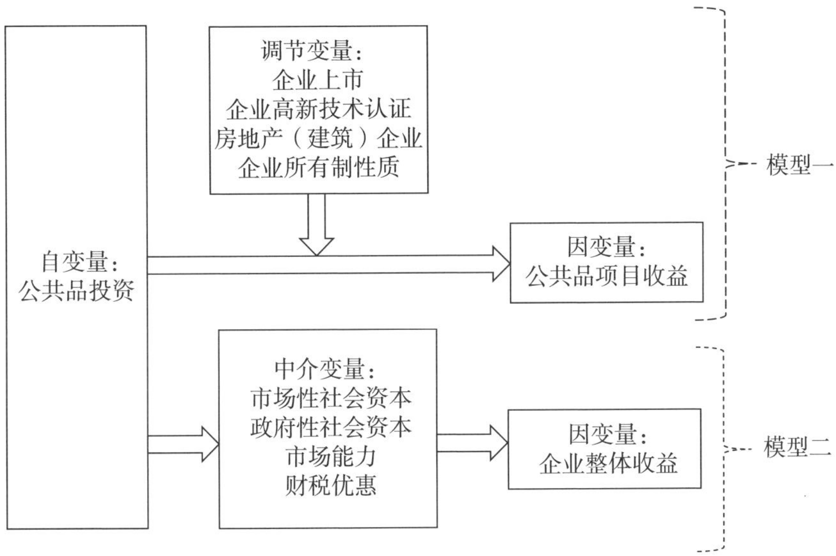

图 3－1　本书的研究模型

3.2　研究假设

3.2.1　公共品投资对收益的影响

根据理性经济人假设，在经济活动中，主体行为的唯一目标是自身经济利益的最大化。利润是企业的永恒追求，它是企业生存和发展的基础

（张坤，2013）。作为营利性组织的企业参与到社会公共品的供给当中，也是为了实现组织的目的。

一些准公共品蕴含着巨大的经济效益，如从事该类公共品的生产能够为企业在短期取得丰厚经济利润（范宇欣，2011）。但由于行业的天然属性以及公共品的公益性，在一些业务领域难以通过收费补偿成本，从而造成盈利能力差异性。造成盈利能力差异的原因是多方面的。例如，地域范围等因素的限制。相对于大型公共服务项目，小型公共服务项目由于受到地域范围等因素的限制，辐射的范围比较小，项目前期建设中不可分摊的固定成本较高，致使公共服务项目建设阶段亏损。或者即使获得浮动性建设酬金，能够弥补项目前期建设的亏损，后期长时间的商业化运营与现行公共品收费制度的冲突直接导致企业收益不充足的可能性变大，私人企业不愿意主动参与进来。

过去国家统一调控公用事业的收费价格，出现公共品和服务的价格限制（包凤耐，2014），导致供求关系和成本变动几乎不对公用事业的产品价格产生影响，公用事业所提供的物品和服务的价格也就无法体现其价值，背离了市场规律（查勇，梁云凤，2015）。特别是供水、供气、公交等企业因政府定价行为和承担法律、法规及政府规定的指令性义务形成的政策性亏损，同时，社会公共性消费以及垃圾污水处理等行业因收费政策不到位引起的转运费用短缺（彭安玉，2004），增加企业运营成本，产生经营性亏损。在此背景下，近年政府通过建立成本费用评价制度和政策性亏损评估制度，对公共品运营企业的成本和费用进行年度审计与评价，合理界定和评估企业的政策性亏损，给予适当的补贴，并对公共品运营企业由于承担社会福利和完成政府指令性任务所增加的支出，定期给予专项经济补偿。这些专项经济补偿陆续进入政府年度预算，成为政府常态化购买公共服务的定价机制的有效组成部分，企业投资公共品的热情和信心都在稳步恢复和释放。

由此可见，私人的资本进入公共品生产经营和服务领域并非没有任何收益，这些私人资本在为社会提供普惠性福利的同时，也希望能够获得合理回报。对于投资者本身来说，这并非完全是一种慈善或者是非营利组织的行为，而是按照市场规律，使他们的资本运转有了更大的活动空间和盈利增值的机会，这就为普遍调动私人资本投资公共品的积极性起到引导作用（何翔舟，2007）。此外，拥有政治关联的企业为了获取政治合法性，将社会责任的投资甚至过度投资作为一种礼物来与政府进行互惠交换（熊婵，2016）。基于上述内容，提出如下关于企业投资公共品与企业整体收益关系的假设：

H1：企业投资公共品与企业整体收益正相关。

另外，由于中国近年来处于市场基础设施建设的高速发展期，政府为激励市场更好地进行公共品投资，较大幅度地提高了企业投资公共品的项目收益。这种直接激励的分析是本研究与前人研究的主要区分之一。基于部分研究关于企业投资公共品短期收益的研究基础（范宇欣，2011），本研究将在项目层面检验政府对企业投资公共品的直接激励。基于上述分析，提出如下关于企业投资公共品与企业项目收益关系的假设：

H2：企业投资公共品与项目收益正相关。

3.2.2　主要因素的调节效应

很多学者已经发现企业公共品投资与项目收益的关系受到很多因素的调节作用。

大多数上市公司都是一个地区、一个行业中的优势企业，在地区经济中占有重要地位。从公司效益来看，相对于非上市公司，上市公司效益一般较好。上市公司作为中国企业中效益和治理相对较好的一部分，上市公司的平均经营状况要优于其他企业（黄格非，2006）。有学者通过对资本密集型企业研究发现，企业上市与企业绩效显著相关，认为上市作为一种筹资方式，大大缓解了企业的资金瓶颈，显著地推动了企业发展（王凤荣，李靖，2005）。

上市公司大都是同类企业中的佼佼者，且大都拥有很强的综合实力，公司知名度和信誉高。大多数企业都在关注如何在市场竞争中占据较大的优势，并通过市场行动获得了市场和社会的认可。而对于上市公司来讲，上市本身就增加了公司在公开场合露面的机会，使公司为社会和广大投资者所注意，可大大提高公司的知名度（黄格非，2006）。此后，上市公司按照有关规定定期或不定期地进行信息披露以及上市公司的股票、经营行为被媒体广泛评论，这都提高了上市公司的知名度，实际上是对上市公司有效的市场宣传（徐兵，2007）。

此外，各地方政府往往希望将上市公司培育成当地的支柱企业，并起到带动相关行业和产业的作用，故常常采取一些有效的优惠政策促进上市公司的发展，如提供税收优惠，并购优质国有资产等政策支持（徐兵，2007）。也有学者指出，在股票市场较发达的国家，相对于非上市公司，上市公司有着较高的投资资金与投资机会敏感性（Mortal and Reisel，2013）。

由此可知，相对于非上市公司，上市公司能够较容易得到融资和政府支持，具有知名度和信誉，因此我们预期上市公司投资公共品的项目收益较高，故提出如下假设：

H3：企业的上市属性正向调解企业投资公共品与项目收益之间的关系。

相对于传统企业而言，高新技术企业是知识密集、技术密集的经济实体，而且具有高投入、高收益、高风险的特点，使其投资行为明显不同于传统企业。投资行为的不同导致盈利情况的不同，传统公司的盈利来源可能是极稳定的，即使有波动，也较高新技术企业稳定得多，而高新技术企业的盈利水平波动频繁且幅度大。同时，高新技术企业由于自有资金和财力基础十分薄弱，投入高新技术产品研发的资金，大部分来自银行和风险投资。这种资金和财力基础并不可靠，一旦外部融资出现困难，投入高新技术产品研发的资金就难以保障，不利于高新技术产品的研发。

一般而言，高新技术行业与传统制造业或服务业相比，对创新的资金需求更大、对信息获取能力要求更高，更强调网络成员之间的合作交流。因此，对于高新技术行业的企业来说，除了物质资本、人力资本外，社会资本也是非常重要的资源，并且注重企业的创新绩效。相对于传统制造业或服务业企业而言，社会资本对高新技术行业的创新可能起到更加重要的作用（朱慧，周根贵，2013）。此外，相对于传统产业企业的创业者而言，高科技创业企业的创业者往往需要通过社会资本去感知和把握这些机会，如利用社会资本与顾客、上下游企业、分销渠道、政府机构、科研机构等建立联系，并在和这些行动者之间的互动和信息交换中，获得关于新产品或服务的最初创意（吕明非，彭灿，2009）。由于投资公共品不但能获得稳定、合理的收益，而且能够培育社会资本，因此高新技术企业有动力投资或参与运营公共品。

相比其他企业，高新技术企业的技术更替频繁、知识更新快，且这些知识更具隐匿性、不易被模仿等特征，更强调以技术推进企业经济运行效率。传统企业沿用粗放式的经济增长方式，通过加大投入换取更多的收益，高新技术企业则注重通过采用新能源、新技术来提高效率换取更多的收益。既然投资公共品可以获得稳定、合理的经济收益，又可以培育社会资本，因此经济运行效率高的高新技术企业愿意投资公共品。

由此可知，相对于传统产业企业，高新技术企业可以通过积累技术推进企业经济运行效率，因此我们预期高新技术企业投资公共品的项目收益较高，故提出如下假设：

H4：企业的高新技术产业属性正向调解企业投资公共品与项目收益之间的关系。

由于历史等原因，我国企业在所有制性质上主要可以分为国有企业与非国有企业两类，其本质区别在于实际控制人的背景是否为中央政府或地方政府，实际控制人为政府背景则为国有企业，反过来则为非国有企业（付从荣，2014）。由此可见，国有企业与政府间存在着某种天然的联系，即国有企业归政府所有。这意味着，国有企业的所有制性质代表了比较密切的政企关系，而民营企业则不具备这种先天优势。随着改革的推进，由意识形态驱动的所有制歧视现象逐渐消失了，但是在市场准入、融资等领域，民营企业仍面临着不公平竞争（刘春济，朱梦兰，2018）。因此，在我国，所有制性质的影响从根本上源自政府在资源配置中的主导作用，即行政力量对企业经营的干预程度差异（李越冬，张会芹，2010）。具体来说，非国有企业在参与某些领域的公共品供给时，主要是通过特许经营、合同外包等与政府合作的形式来进行生产，而不能完全安排生产。在这些领域，行业主管部门为了行业利益不愿意向社会资本开放，故在项目审批、项目设计、优惠政策选择、原材料供给等方面给予直属的国营企业支持，导致民营企业难以在短时间进入收益率较高的领域。相对于非国有企业，国有企业可以获得更多的市场准入、政策信息等资源，更多的贷款机会及更低的贷款成本，以及更高的政府补贴，而且能够得到法律和正式制度的支持和保护（孔东民，等，2013；唐鹏程，杨树旺，2016；张粟，2014）。总之，国有企业的特殊性使其更容易获取政府资源。

在国有企业中，获取政府资源的便利性致使投资公共品受到的资源约束更小，因为其在投资公共品的情况下可以较容易获得政府的稀缺资源，因此我们预期国有企业投资公共品的收益较高，故提出如下假设：

H5：企业的国有属性正向调解企业投资公共品与项目收益之间

的关系。

土地资源和金融资源是房地产（建筑）行业赖以生存和发展的基础，其中土地是其运作的核心。当前中国实行土地公有制，各级政府对于土地市场具有很强控制力。房地产（建筑）行业属于资金高度密集型的行业，且行业具有投资规模大、周期长、价值高等显著特征，房地产（建筑）企业的自有资金远远无法满足自身发展的需要，同时，中国房地产金融政策长期以来不够完备，这导致了我国房地产（建筑）行业的融资渠道较为单一，主要来源于银行贷款（隋敏，2012）。由于信贷市场的信息不对称，银行较难直接观察民营企业的预期还款能力，若企业拥有政治关系，政治关系将会是一种有效的信号传递机制，银行会更倾向于将贷款批给有政治关系、社会声誉更好的企业（罗党论，甄丽明，2008）。

此外，对于房地产（建筑）企业而言，受社会、政治、经济等宏观环境的影响较大，属于受国家调控甚为明显的行业，面临的不确定性风险较大，促使房地产企业不断地生成与积累起丰富的社会资本，以增强与政府的谈判能力，维护自身的利益。由此可知，相对于其他行业的企业，房地产（建筑）企业更渴望通过投资公共品获取与整合政策资源与金融资源的能力，而不是公共品项目的直接经济收益，因此我们预期房地产（建筑）企业投资公共品的收益较低，故提出如下假设：

H6：企业的房地产（建筑）产业属性负向调解企业投资公共品与项目收益之间的关系。

3.2.3 社会资本的中介效应

（1）市场性社会资本

企业的市场性社会资本主要指的是企业与除政府以外的其他利益相关方之间的关系范围和关系质量。投资公共品是企业承担社会责任的一种形式，有助于企业构建以政府为节点的关系网络。网络有助于企业构建、筛选高质量关系的外部网络，针对性地选择合作伙伴，以实现社会资本与特定任务间的合理匹配，提升资本利用效率（包凤耐，彭正银，2015）。外部网络有助于企业获得发展所需的稀缺资源，助力于企业竞争力的提升，促进企业产品品质的改进和生产效率的提高（韦春北，2012），实证研究也证明，存在于企业外部的网络资源对公司创业产生越来越重要的影响（Teng，2007）。

企业通过网络能够强化社会资本，一方面可以形成一般性交流的准则，产生信任，利于协调和交流、提高声誉，另一方面可以将过去的合作成果作为未来合作的模板，有利于未来的长期合作（任奔滔，2009）。企业借助网络能够实现知识共享和信息交流，利于发展和吸收新技术（Ahuja，2000），特别是异质性的信息，有利于企业进行探索式创新（蔡宁，潘松挺，2008），并能将其整合成具有高附加值的社会资本。具体来看，网络规模对企业绩效有正向的影响（Baum and Rowley，2002），网络内多样化的伙伴能够为企业提供全方位或互补性的支持（Mcevily and Zaheer，1999），企业居于的网络位置可以视为企业的一种无形战略资源，且随着居于网络的核心程度而增长（Walker，et al.，1997），特别是企业位于网络中心位置时，能够获取更丰富的信息，并且多元化的信息渠道有助于企业准确把握信息价值（包凤耐，彭正银，2015）。企业的网络资源组成较为平均或具有典型资源、企业在特定行动中代表有价值的资源对企业绩效有积极的影响。由此可知，企业投资公共品能增强企业的网络能力，而网络能力又能助力企业经营绩效。

此外，企业进行公共品投资，传递企业的正面信息，为企业赢得良好声誉，可以帮助企业降低合法合规成本。对于消费者而言，企业合法合规性（包括产品合法合规，企业运营合法合规）已经成为消费者购买决策时进行直接评价的一个重要方面，即合法合规性越高，消费者越有可能购买

（马龙龙，2011），有助于节省企业与顾客达成交易的时间，进而降低交易成本。同时，合法合规性能够提高企业在供应商、合作者及消费者体系中的地位，使企业更易被信赖，从而促进企业新产品销售以及市场的开拓。对于上下游企业而言，企业的合法合规性使得相关企业有理由相信合作伙伴能够以一种可预见或可信赖的方式行事，有助于交易效率的提高，有利于交易频次与数量的增加。企业间商誉信任越高，互动就越频繁，互动的价值就越大，合作双方也会做有利于对方的事情，并且相信对方会主动地参与创新，而不是获取不当利益（蔡宁，潘松挺，2008）。如果没有相互信任的合作，就不可能有效地管理合资企业，社会资本对合资企业的业绩具有正面作用（Luo，Griffith，Liu and Shi，2004）。从行业角度来看，合法合规性是企业竞争优势的一种佐证，在一定程度上能提升企业进行经营活动的安全性。特别是在外界经营环境恶化的时候，企业的合法合规性能在一定程度上缓解经营活动面临的压力。企业合法合规性水平的提高，有助于提升企业的资源获取能力，进而提升企业绩效（彭雪蓉，魏江，2014）。由此可知，企业投资公共品能促进企业合法合规性，而合法合规性又能助力企业经营绩效提升。

由此本书提出如下假设：

H7a：市场性社会资本在企业投资公共品与企业整体收益间起正向中介作用。

（2）政府性社会资本

企业的政府性社会资本主要指的是企业与政府及其相关机构之间的关系范围和关系质量。

在中国，企业与政府的关系是一种特别的强网络，它凝聚了与众不同的信任、责任或义务。信任是指交易双方的行为均不在对方的控制之内，但是双方均愿意依靠对方（Mayer，et al.，1995）。个体间建立良好的信任关系，不但能够促进他们之间的深度沟通和相互学习（Zaheer，et al.，1998），而且可以降低协商成本、增加合作伙伴的承诺、增加合作水平和发展长期关系导向等（Doney and Cannon，1997），减少机会主义行为（朱秀梅，李明芳，2011）。

从投入角度来看，信任有助于增强合作伙伴的信心，树立长期导向，促进合作关系投入的增加，并带动更紧密的上下游合作与整条供应链的整合（马胡杰，等，2015），从而创造更多的合作收益；从成本角度来看，信任使合作伙伴间的信息沟通更为坦诚和有效，降低了机会主义行为出现，同时，对于详细的契约和完善的监督的依赖程度降低，进而减少了交易成本并提高了合作关系的运行效率；从灵活性角度来看，信任有利于合作伙伴间采取灵活态度，迅速形成准确决策以应对外界经营环境的变化，在一定程度上能够避免错失决策调整的最佳时机（程凯，2001；刘英，赵晶晶，2009）。企业承担公共品供给就是为了获得社会信任，赢得声誉，即企业对社会资本的投资就是信任的投资（李正彪，2005）。由此可知，企业投资公共品能促进企业与政府及相关机构间的信任，而信任又能助力企业经营绩效。

在制度基础观视角下，企业为了获得竞争优势，需要在保持效率的同时争取合法性（Martinez and Dacin，1999）。合法性包括企业从政府和社会获得的认可、声誉等，其中与政府的良好关系正是获得合法性的主要途径之一（张建君，张志学，2005）。一些学者通过研究合法性对企业绩效的影响发现，民营企业社会责任履行能够帮助企业建立政治联系（张萍，梁博，2012），企业通过政治关联获得“政治头衔”，有助于增强自身合法地位（田利辉，叶瑶，2013）。政治合法性能让企业获得政府支持，使得政府的监管资源配置向企业倾斜，比如政府财务支持和更低政府监管资源出让价格（Zhang，et al.，2011）。同时，企业的合法性更能吸引优秀人才，在招聘新员工及培训方面节约大量成本，减少周转资金，提高劳动生产率，也能够进一步提高顾客对产品的信任，提高企业自身的信誉，为产品打开销量。企业投资公共品能增强企业的政治合法性，而政治合法性又能助力企业经营绩效提升。

由此本书提出如下假设：

H7b：政府性社会资本在企业投资公共品与企业整体收益间起正向中介作用。

3.2.4 溢出效应的中介效应

（1）市场能力

1997年，蒂斯、皮萨诺和肖恩在《动态能力与战略管理》一文中提出，组织的惯例和流程能够迅速整合、建立和重构其内外部资源、能力和技能从而产生竞争优势。这意味着，企业可以通过优化核心业务、组织结构、业务流程和信息流等方案实施价值链管理，降低组织和经营成本，控制经营风险，使企业产生综合竞争优势。价值链是一种将企业分解成许多战略性相关的活动的工具。价值链列示了总价值，并且包括价值活动和利润。其中价值活动又由两部分组成：基本活动和辅助活动。基本活动是涉及产品的物质创造及其销售、转移给买方和售后服务的各种活动。辅助活动是辅助基本活动并通过提供外购投入、技术、人力资源及各种公司范围的职能以相互支持。价值链并不是一些独立活动的集合，而是相互依存的活动构成的一个系统（万泽滢，2001）。完整的价值链是由供应商、企业、销售渠道、消费者及政府、公众、社区等组成的价值体系。企业进入或扩展价值体系既能方便资源信息的沟通交流，也可获取位置和优势（李敏，2005）。

价值链整合是指从事前后相继的若干价值创造环节或过程的行为主体之间的协同活动，其主要特征是垂直整合，但并非一定是所有制一体化

（张捷，刘凤翔，2006）。供应链的上下游企业为了延伸企业的价值链，开展纵向合作，实现价值链整合（杜智涛，夏晨曦，2010）。有学者通过数理推导发现，批发商通过互联网手段前向整合零售商价值链的行为将提升所有渠道成员的福利水平，是一种“帕累托改善”（刘向东，陈成漳，2016）。

价值链整合使价值链成员在组织目标、顾客价值上有了更一致的认识，可以以更有效的方式为顾客创造价值。价值链整合带来的增值部分，经过顾客感知才能转变为公司绩效。作为社会资本的品牌权益，可以促进顾客感知，从而增强价值链整合所产生的企业绩效（刘泳，周建亨，2013）。从与竞争对手的关系来看，企业的商业关系资本可以增强信任和促进合作，这有助于从竞争对手获得知识信息，促进文化企业整合资源，完善产品和服务设计；在长期有望形成合作与竞争关系的良性互动（杨向阳，童馨乐，2015）。在中国，企业通过商业关系网络获得专业化信息、行业知识和同行信任等方面有着积极的作用（石军伟，等，2009），有助于企业价值链整合。由此可知，企业投资公共品能促进企业价值链整合，进而提升企业经营绩效。

此外，良好的商业关系对机会的认知水平有显著正向影响。有学者通过对社会资本的高科技创业企业机会发现研究指出，创业者的社会资本越多，对机会的认知水平越高，其产生的创意也就越有价值，更有可能在现有的环境条件下形成可行的创业机会；同时，创业者的社会资本越多，就越有可能获得较高的回报、接触更多的差异、发现现存的问题，从而拥有更多产生创意的动机（吕明非，彭灿，2009）。

企业通过投资公共品，与市场上其他企业建立良好的关系网络，及时获取各种行业信息，使其具有对市场更广泛的认知结构。从信息传递的角度来看，社会资本在猎获市场机会，识别、收集和稀缺资源的利用方面具有重要的作用（隋敏，2013）。Mc Naughton 等提出网络大小和弱链条的数量与确定创业思路和识别机会的数量成正相关关系（张青，曹尉，2010）。有学者认为“狭窄的社会联系基础可能会限制创业者寻求新市场机会的能力”（耿新，2008），从反面印证了企业具有良好的社会资本可以促使企业反应敏捷，更有效地发现市场机会（杨孝海，2010）。耿新（2008）在其对企业家社会资本对新创企业绩效影响的研究中发现，企业家良好的关系资本，有利于企业获得新的配套产品和服务信息，从而捕捉到获利机会，以提升企业的盈利能力。从与上下游企业的关系来看，较多的企业家商业关系资本有助于企业更加有针对性地开展市场需求分析，加快新产品和新服务开发速度，赢得市场竞争优势（Wu，2011）。这表明，合作企业间更高水平的关系资本能够提高柔性，有效识别市场机会和配置资源（张钰，等，2013）。

由于企业对市场具有更广泛的认知结构，对市场变化做出快速的反应，并迅速地调整它的产品、服务和市场，使其第一时间应对变化的市场条件，实现产品、服务的差异化以适应变化的客户需求。有学者对文化企业研究发现，企业家具备较高的社会资本水平，有助于文化企业更好地识别和把握市场机会（Lindblom and Tikkanen，2010）。有学者从供应链的角度研究认为，关系资本作为一种无形资产能够让组织较为便利地获取更多的实用信息，在减少交易成本的同时与伙伴企业实现资源互补和优势互补，从而更好地把握机会提高供应链绩效（Johnson，et al.，2013）。由此可知，企业投资公共品能促进企业识别和把握市场机会，进而提升企业经营绩效。

由此本书提出如下假设：

H8a：市场能力在企业投资公共品与企业整体收益间起正向中介作用。

（2）财税优惠

企业参与公共品供给履行社会责任，是一种特殊的投资，既有助于企业形象的树立，企业与利益关联方之间关系的改善，战略资产的生成，又能通过投资公共品与政府建立良好的政企关系，成为一种间接寻租的手段。

企业与政府之间良好的合作关系能够生成优良的政企关系资本，有利于企业获取丰富的资源，如税收上的减免、高比例的财政补贴等，毫无疑问，政企关系资本能够为企业价值的增值做出一定的贡献（隋敏，2012）。

一般而言，具有良好政企关系的企业的适用税率和实际所得税率都要低于不具有良好政企关系的企业，特别是在企业税外负担较重的省份，良好的政企关系能使企业获取的税收优惠也越多（Adhikari，et al.，2006；吴文锋，等，2009），增加了企业的税后利润。同时，税收优惠政策通过相对价格下降产生的替代效应和鼓励要素流入产生的技术进步，都能够提高高新技术产业的增加值率，改进高新技术产业的内部结构，但税收优惠政策的作用更为显著（张同斌，高铁梅，2012）。税收优惠主要是事后激励，能有效降低微观市场主体的税收负担，节税收入作为一项期望收入，企业使用的自主性相对较强（柳光强，2016）。

社会资本越大，企业获得的政府补贴就越多（罗党论，唐清泉，2009）。就上市公司而言，相对于没有政治关联的上市公司，具有政治关联的企业更容易获得政府研发创新补贴（李传宪，干胜道，2013）。其中，政府控制的上市公司，其提供公共品与政府补贴比例显著正相关（唐清泉，罗党论，2007）；就民营企业而言，与地方政府的良好政企关系有助于企业获得更多的财政补贴（余明桂，等，2010）。特别是在企业陷入困境时，政企关系资本有助于企业获得债务减免，甚至得到政府的直接救助（隋敏，2012）。良好政企关系对企业的补贴收入占利润总额比例变化率有显著的正向影响（陈冬华，2003）。财政补贴是事前激励，表现为充实微观市场主体的现金流，增加微观市场主体的收入和利润，补贴收入具有确定性，且政府及其财政部门会指定与引导收入用途（柳光强，2016）。由此可知，企业投资公共品能为企业争取财税补贴，而财税补贴又能助力企业经营绩效。

在任何国家里，政府始终都控制着国家的经济命脉，特别是在中国处于经济转型期，政府掌握着大量的社会资源，在资源配置方面具有很强的话语权（隋敏，2012）。良好政企关系可以帮助企业获得价格合适位置优越的土地、政府采购合同和各种各样政策优惠等，从而获得优于竞争对手的租金（张建君，张志学，2005），甚至能帮助企业进入一些受管制的领域，攫取稀缺资源。除此之外，良好政企关系能够促使银企关系资本的生成，对企业获取融资机会、低利率的银行贷款产生间接影响。由此可知，企业投资公共品能为企业争取稀缺资源，而稀缺资源又能助力企业经营绩效。

由此本书提出如下假设：

H8b：财税优惠在企业投资公共品与企业整体收益间起正向中介作用。

3.3 本章小结

假设汇总如下：

（1）公共品的投资与收益

H1：企业投资公共品与企业整体收益正相关。

H2：企业投资公共品与项目收益正相关。

（2）主要因素对公共品的“投资—收益”的调节作用

H3：企业的上市属性正向调解企业投资公共品与项目收益之间的关系。

H4：企业的高新技术产业属性正向调解企业投资公共品与项目收益之间的关系。

H5：企业的国有属性正向调解企业投资公共品与项目收益之间的关系。

H6：企业的房地产（建筑）产业属性负向调解企业投资公共品与项目收益之间的关系。

（3）社会资本对公共品的投资—企业收益的中介作用

H7a：市场性社会资本在企业投资公共品与企业整体收益间起正向中介作用。

H7b：政府性社会资本在企业投资公共品与企业整体收益间起正向中介作用。

（4）溢出效应对公共品的投资—企业收益的中介作用

H8a：市场能力在企业投资公共品与企业整体收益间起正向中介作用。

H8b：财税优惠在企业投资公共品与企业整体收益间起正向中介作用。

根据前面的分析，本书的研究模型和相关假设如图 3－2 所示：

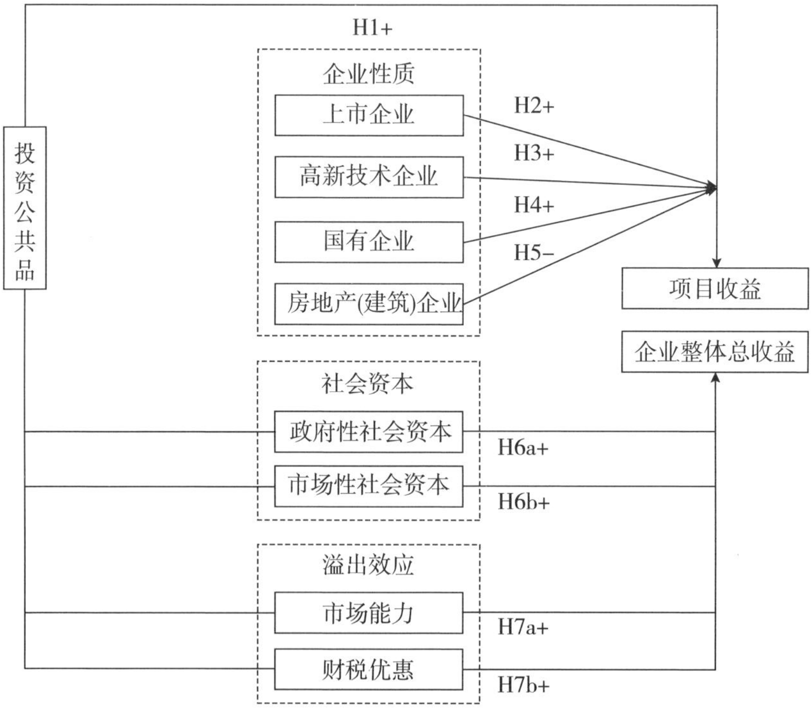

图 3－2　本书的研究模型和相关假设

4 研究方法设计

4.1 简介

本文采用定量分析的方法，分析企业公共品投资对企业受益的影响。在确定研究目标边界和内容后，结合客观现实存在的矛盾和问题，整理先前学者的理论成果，在总结的基础上发展和借鉴，从理论和实践两个层面分析企业投资政府公共品和公共服务事业的行为对企业收益的影响。在具体分析工具的选择上，本文选择使用 STATA15 和 R3.5.1 软件进行统计分析与数据可视化。在统计方法上，综合采用描述统计、T 检验、相关分析、普通线性回归（OLS）、结构方程模型（SEM）等定量分析方法。

本章的重点是设计并确定调查问卷、选择样本、收集样本数据。其中调查问卷的设计、样本的选择、数据的收集等因素，都会影响最终的实证结论。鉴于本项研究是探索性和验证性的，同时中国参与公共品供给的私人营利部门（公司或企业）的资本具有很强的衍生性、专业性和特定性（谢继勇，2010），数据收集和调查的群体安排都需要有实践操作背景，才能凸显出分析结果更具有现实意义。

4.2 变量设计

调查问卷分为四个部分：第一部分是被调查企业的基本资料，包括企业所属行业、所在省份、注册时间、资产规模、所有制性质、是否取得高新技术企业认证、是否上市，以及被调查者的职务；第二部分是企业投资公共品的状况，包括企业公共品和非公共品的投资、收益，以及企业收益的情况；第三部分是社会资本的测度；第四部分是溢出效应的测度。第三部分和第四部分是问卷的核心部分。

本书研究的变量分为解释变量、控制变量、调节变量、中介变量和因变量，具体情况如表 4－1 所示。

表 4－1　　变量统计表

解释变量	控制变量	调节变量	中介变量	因变量
1. 企业投资公共品的投资额 2. 企业投资公共品的投资率	1. 企业的资产规模 2. 企业在 2015 年营业收入的对数 3. 企业所在地区	1. 企业上市 2. 高新技术企业认证 3. 企业所有制性质 4. 房地产（建筑）企业	1. 社会资本 （1）市场性社会资本 （2）政府性社会资本 2. 溢出效应 （1）市场能力 （2）财税优惠	1. 公共品项目收益率 2. 企业整体收益率

4.2.1　因变量

本研究的因变量是企业收益。学术研究中对于企业收益的测量与评价，多是根据研究内容的需要选择相应的指标体系。国内外的相关研究文献中，采用单指标方式度量企业收益的情况比较常见。有学者分别选用总资产利润率、总资产净利润率、净资产利润率等指标来测量公司价值（罗党论，刘晓龙，2009）。本书采用基于会计财务数据的项目收益率和企业整体净资产收益率作为测量企业收益的指标。基于问卷的客观性问题，常见的方法是让被调查者客观回答企业的项目收益率和企业整体净资产收益率等数据问题，来比较不同企业之间数据的差距。本书以受访企业的一手数据为研究对象，因此，采用公共品的项目收益率与企业整体收益率（对数企业营业收入）两个财务指标来检验相关理论假设。

4.2.2 解释变量

有学者从投资者的角度出发，对企业的社会责任投资与企业绩效的关系进行分析，指出当企业的社会责任投资需求大于社会责任供给时，其社会责任行为对其绩效产生正面影响（Mackey，et al.，2007）。目前，中国公共品的需求大于供给，企业参与公共品供给能够为其带来收益。

即使企业承担社会责任可能不会对企业产生直接的有形结果，但它仍然是一项能够对企业产生显著回报的战略性投资。企业和社会相互依赖，为了生存，企业需要健康的社会，需要投资来改善其身处其中经营的环境（付从荣，2014）。如果要将这一特殊的环境转变成一种多方都从主观上愿意长期维持其存在的、在体制上得到保障的持久稳定的关系——社会资本，就需要通过各种物质或非物质的交换。社会资本确立以后，不断地进行自我再生产，这就决定了对社会资本的投资必然是长期的和连续性的（李正彪，2005）。

企业为了更好地和政府进行利益交换，通过政治关联激励企业对社会责任进行更多的投资，来迎合政府的期望，进而从政府那里获得更多的资源（熊婵，2016）。这在一定程度上说明企业参与公共品供给的投资与其收益呈正相关。

因此，本书选择企业参与公共品供给的投资额与投资率作为解释变量。本书从绝对和相对两个方面进行测量。绝对测量的变量选择企业投资公共品的投资额；相对测量的变量选择企业投资公共品的投资率，即企业投资公共品的投资额在企业总投资额中所占的比重，用$\frac{\text{公共品投资额}}{\text{公共品投资额}+\text{非公共品投资额}}\times 100\%$计算得到。

4.2.3 控制变量

（1）模型一

对于模型一而言，企业参与公共品供给项目收益在企业层面控制变量，由于公共品项目收益率与投入存在相关性，公共项目投资规模大小与企业规模大小有关。随着企业规模的扩大，企业会受到更多的关注，而一旦参与的公共品项目被发现存在任何不良行为，对企业造成的危害将会随着企业规模的扩大而被放大，因此从企业自身而言，随着规模的扩大，它会自发地产生声誉投入的需求，并且越来越强烈（金序能，2007），导致企业过度投资，公共品项目收益率下降。所以将企业规模作为控制变量。

组织学习理论认为，企业在经营过程中，将会进行有目的的学习和设计，以提升企业应对市场突变的运营能力，最终提升企业运营绩效（张祥，2013）。经营能力反映了运营模式、战略管理和职能管理等方面存在的竞争优势，经营能力强的公司善于抓住市场中的盈利机会（位志宇，2007）。由此可见，企业经营能力与企业参与公共品供给项目收益率存在正相关。本研究采用企业在2015年的营业收入作为衡量其经营能力的指标。

中国东、中、西部地区的市场化程度存在显著差异，东部地区的市场化程度较高，中部地区次之，西部地区最低（樊纲，等，2011）。市场化程度越高，产品市场竞争强度越大，市场监督作用就越容易发挥，代理成本就越低，从而越能改善公司绩效（宋常，等，2008）。也有学者从政企关系的角度进行研究，发现相对于东部地区，中西部地区的正式制度环境不完善，政企关系对正式制度环境的替代效应更强，对企业产能利用率的促进作用更大（张龙鹏，蒋为，2015）。虽然研究结论不一致，但对企业所在地区对于企业公共品项目收益率有影响的观点是一致的，所以本研究将企业所在地区作为控制变量。

综上所述，本书将选择企业的资产规模、企业在2015年营业收入的对数以及企业所在地区三个变量作为模型一的控制变量。

（2）模型二

对于企业而言，其规模越大，越容易取得规模经济效益，越有助于其价值的改善。公司规模会在一定程度上作用于公司战略（Bozec and Laurin，2008）。众所周知，相对于其他国家和地区，中国主板股票市场的上市标准更为严格，其中，对企业股本总额和盈利情况有明确规定，这意味着业绩良好的大中企业更容易取得上市资格，使企业在融资方面多了一种选择，有助于企业业绩的提升。综合来看，规模因素与企业收益之间可能存在正相关关系。国内学者在研究中采用资产规模指标衡量企业规模（夏立军，方铁强，2005；周开国，李涛，2006），本研究亦采用资产规模指标，来控制规模因素对企业收益的影响。

企业的所有制性质不同，预示着企业所拥有、掌控的外部资源可能存在较大的差异。一般而言，相对于国有企业，集体所有企业、民营及民营控股企业、外商独资企业和中外合资企业等非国有企业能够享受的来自国家各方面的支持比较少，拥有的资源相对较为匮乏。显而易见，企业所拥有和掌控的资源与企业收益存在相关性，因此本书将企业所有制性质作为控制变量。

此外，中国东、中、西部地区市场化程度的差异性也是模型二考虑的因素。

综上所述，本书将选择企业所在地区、企业的资产规模以及企业的所有制性质三个变量作为模型二的控制变量。

4.2.4 调节变量

相对于非上市公司，上市公司效益一般较好。一方面是由于中国企业上市的标准较高、要求较严，只有中国企业中效益和治理相对较好的企业才有资格上市（黄格非，2006）；另一方面企业将上市作为一种筹资方式，使企业的资金瓶颈得到缓解，有利于企业发展（王凤荣，李靖，2005）。

与传统企业依靠加大投入的方式来换取更多的收益相比，高新技术企业则注重通过采用新能源、新技术来提高效率换取更多的收益。有学者通过分析不同的行业性质对企业创新绩效的影响，发现从企业的经营成长绩效和创新绩效来看，科技型企业要优于传统企业（耿新，2008）。

不同所有制性质的企业，因其与政府关系的不同，使得企业在获得稀缺资源方面具有天然的差异。有学者研究发现，国有企业无论在财务还是在政治上得到政府的支持要多于民营企业（Qian，1994），而且更容易与政府形成良好的互助关系（廖冠民，沈红波，2014）。

相对于其他行业，房地产（建筑）业是一个高利润的行业（赵铁林，2017）。特别是在中国城市旧区改造和新区建设加快的背景下，房地产业向前发展的速度是前所未有的，这也导致房地产业的利润远高于绝大多数行业的平均利润（张岗，2002）。但房地产所需的稀缺资源是由政府控制的，因此，房地产企业更有动力参与公共品供给，与政府建立良好关系，获得稀缺资源，而不是通过公共品项目获取直接经济收益。

基于上述原因本文将选择企业上市、高新技术企业认证、企业所有制性质以及房地产（建筑）企业四个变量作为调节变量。

4.2.5 中介变量

本研究中的中介变量由两个层次组成，第一层次是指社会资本，第二层次是指溢出效应。其中，社会资本维度主要包括市场性社会资本、政府性社会资本，溢出效应主要包括市场能力、财税优惠。本研究通过学习借鉴众学者对社会资本和溢出效应的相关研究，并根据实践调研情况进行适当修正，设计出量表体系。从企业参与公共品供给中获得政府对于项目的信任、支持，即政府性社会资本；获得相关企业、顾客对于项目的信任、支持，即市场性社会资本；进而有助于获得政府对于企业的税收优惠；财政补贴以及其他政策优惠，即财税优惠；获得市场机会、价值链整合等，即市场能力。为防止虽然知道某些问题的答案信息，但是被调查者不用心阅读题项，仅根据个别题目对某一方面的问题进行回答，本书在问卷编排设计方面进行第一层次内题项的混排处理。指标体系详见表4－2。问卷设计采用 Likert 量表，即每题项按照“非常不同意、较为不同意、有点不同意、不确定、有点同意、较为同意、非常同意”7项进行评定。

表4－2 中介变量指标体系

变量	编号	题项
社会资本	*s*5	政府会邀请本企业作为杰出代表参加外事活动
	*s*6	政府把本企业列为新政策的试点企业
	*s*7	政府邀请企业作为政府项目的评标代表
	*s*8	本企业与产业链上下游企业建立了良好的联系
	*s*9	本企业与生产相同或相似产品或服务的企业建立良好合作
	*s*11	本企业与科研院所建立良好的研发合作
	*s*13	本企业获得所属行业协会的重要职位
	*s*16	本企业获得政府或行业授予的各种荣誉称号、头衔和社会职务
	*s*17	顾客对于本企业品牌忠诚度较高
	*s*18	本企业在行业内具有良好的声誉
	*s*19	本企业在行业外具有较高的知名度
	*s*21	本企业获得周期性产品或服务免检认证
	*s*22	本企业更容易获得投资者的投资
溢出效应	*m*2	本企业更注重对企业战略、文化、管理、组织等进行整合
	*m*3	本企业有很强的整合分散增值环节的能力，创造出新的价值链
	*m*5	本企业能够很容易从市场中筛选出能力强的合作伙伴
	*m*6	本企业在产业链中具有较强的议价能力
	*m*7	本企业具备较强的整合行业价值链的能力
	*m*8	本企业具有很强的识别和获取市场机会的能力
	*m*9	本企业能赢得消费者信任，有助于扩大市场份额
	*m*12	本企业经常先于竞争对手获得产品或项目相关的知识和信息
	*m*13	本企业获得高比例的财政补贴
	*m*14	本企业能以较低的成本获得优质资源（如土地、矿产等）
	*m*15	本企业能从政府获得其他企业难以获得的稀缺资源
	*m*16	本企业的所得税适用税率较低
	*m*17	本企业的所得税享受较高起征点（或免征额）
	*m*18	本企业的所得税享受税额减免较多
	*m*19	本企业更容易获得项目特许经营权
	*m*20	本企业更容易获得政府的专项财税补贴

4.3 样本

本研究的样本收集共实施了两次，第一次样本收集为2016年3—12月，第二次样本收集为2018年2—9月。第一次样本收集完成后，数据分析结果不理想，经过多次的变量筛选，中介变量与因变量的相关性不明显，无法验证研究假设，在访谈答卷人，并与指导教师充分讨论后，发现问题主要是研究假设中各个变量的定义不准确、答卷人不理解题目意思、缺乏财务数据支撑。在经历了痛苦的反思后，笔者在导师的指导下，推翻了前期的“两阶段获利”的研究假设，在新的研究假设中，用财务数据量化自变量和因变量，除了将“社会资本”作为中介变量外，还增加了“溢出效应”作为中介变量。在2018年9月完成第二次样本收集工作，实施数据分析后，得出了较为合理的结果。具体情况如下。

4.3.1 第一阶段：2016年3—12月

在过去三十余年的经济市场化进程中，负责城市公共服务设施投资建设的主要有三股力量：依靠政府财政投资的国有开发和建设企业（负责公共设施）、私人房地产开发企业（接受国有企业的分包或向政府申请承包）、私人建筑企业（专业性承接国有和私营投资的具体项目，主要负责实施）。近期，私营和外资背景的财务性投资企业也开始涉足公共品的建设，但是国内外私营财务类的投资人受限于政策管制、技术资质、外埠管理能力等因素的制约，往往会在中国寻找私人房地产开发企业或私人建筑企业作为合作伙伴，共同投资、建设、运营公共品。另外，随着政府政策的开放性增强，在资金和管理水平多元化方针的指导下，政府首选的合作伙伴是房地产开发企业，原因是：①

中国目前处于公共服务设施匮乏的阶段，需要大量的基础公共配套设施的建设；②过去二十余年房地产企业积累了充足的资本；③熟悉招标、建设、运营等各环节的操作细节；④房地产企业受制于政府供应土地、金融机构资金支持，受益于政府控制和管理；而房地产企业在高度竞争的市场环境下，快速和低价地从政府手中获得宝贵的、原材料性质的资源——土地，是所有私营开发商经营和发展的核心要素。接受政府的托付实施公共品建设，无疑会在政府信任、信息获取、面向金融机构融资、构建社会网络等方面先发于竞争对手（何寿奎，2009）。所以在中国现阶段参与公共品投资的私人投资者多是房地产开发企业、建筑施工企业，还有部分专业型的公共服务企业。综合以上因素，本文拟将私营房地产企业、私营建筑企业、私人公共服务企业作为研究样本，其中私营的房地产企业为主要的样本来源。

中国房地产行业在过去的十年是发展最快的行业，也是中国经济发展的支柱，政府专门倡导知名企业联合成立了全国性的房地产协会和省域性的房地产协会。基于资本互助性、技术共享性、职业化管理的需求，房地产企业又自发成立了“中城联盟”（现为“上海中城联盟投资管理股份有限公司”）、“全经联”（全称为“全国房地产经理人联盟”）等细分领域的联盟。其中，中国房地产业协会（以下简称“中房协”）下辖会员单位 1067 家；中城联盟创始性房地产企业 55 家，联盟现有会员 220 家；全经联现有会员 3585 名，均为房地产行业高级管理人员。剔除同时参加中房协、中城联盟、全经联的企业，以及国有背景的房地产开发企业，可供使用的样本目标族群内个体数量不低于 1000 家。另外，考虑样本的完整性和客观性，笔者委托网络问卷服务平台“问卷星”以上述三家（中城联盟、全经联、中房协）会员为对象发放问卷。同时，笔者委托“问卷星”对非房地产的建筑企业、有公共品投资经历的相关私营企业也发放问卷，受访企业涉及的行业包括金融、居民服务、信息服务、卫生、科研教育等，力求能够从不同角度支持和佐证笔者的假设。

笔者所就职的公司——中国民生投资股份有限公司，为中国最大的民营投资集团，与中房协、中城联盟、全经联、中建协、PE 协会等常设机构的主要负责人不但有业务联系，也保持着很好的个人关系，这种良好的社会关系对笔者收集企业敏感的经营财务性数据、投资公共实物情况、表征企业竞争优势的拓展性指标、企业关系资本等数据提供了很大的便捷性，也使得本书的数据弥足珍贵。

在技术层面，为了使数据具有更好的代表性，笔者在问卷发放过程中对地区和行业进行了控制。数据的采集分三步进行：第一步，2016 年 5 月，在制定问卷的过程中，先选中 10 家企业进行了定型访谈，其中房地产企业 5 家（华龙地产、燕阳集团、协信置业、中信地产、海泰置业）、金融机构 2 家（深圳国佳投资、汉王投资）、信息服务企业 1 家（中交信息服务集团）、建筑企业 1 家（中天建筑）、制造企业 1 家（中山华艺灯具）。通过与企业创始股东和高级管理人员面对面的访谈，对企业投资公共事务有了较全面的认识，并在此基础上制订了第一版问卷。第二步，2016 年 7 月中旬，笔者选择了 100 多家企业进行试调查，回收有效问卷 87 份，受访者反映较大的问题是“题目过于专业，不利于阅读”“需要企业提供的财务数据过多”“建议增加有关企业性质、行业、区域的调节变量”等。根据调查数据情况和受访者的反馈，笔者对问卷进行了多次修订。其中，第五版修改具有里程碑式的意义，在导师的帮助下，最终确定了反映企业竞争优势的 9 个内生性经营评价指标与企业关系资本关联性的问题，增加了与投资公共品有联系的企业经营禀赋要素与竞争优势关联性关系的问题。第三步，以第六版作为最终版的问卷，在“问卷星”平台上进行大规模的问卷调查。在问卷调查中，作者根据企业的行业、地域分布情况，采用了配额抽样［配额抽样也称“定额抽样”，是指调查人员将调查总体样本按一定标志分类或分层，确定各类（层）单位的样本数额，在配额内任意抽选样本的抽样方式］的方法。例如，中国房地产业协会出具的“2015年中国房地产企业分布状况”一文中阐述，中国知名、有规模的房地产企业有55%分布在北京、上海和广东，所以本次问卷回复中57%的企业总部注册或运营在这三个省市。由于采用了配额抽样的方法，可以使样本分布更具有代表性。2016年10月底，我们发出了3500份问卷，回收问卷776份，其中有效问卷697份，问卷回收率为22.17%，有效回收率为19.91%。

随后，根据前期提出的“两阶段获利”假设（见图4－1）实施数据分析。

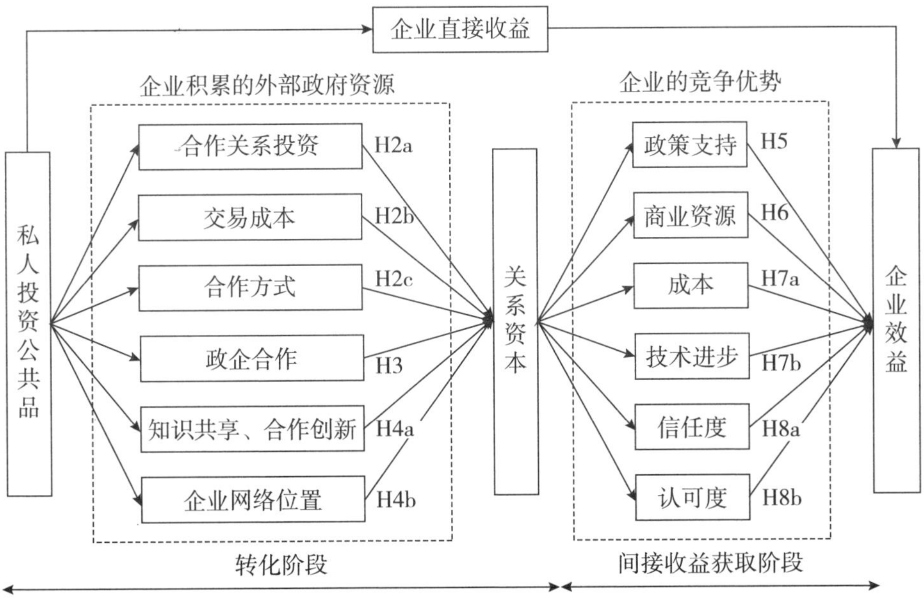

图4－1 “两阶段获利”假设

样本数据分析的结果支持了转化阶段（第一阶段），私人投资公共品与关系资本的相关性。但是，数据分析的结果也显示，在间接收益获取阶段（第二阶段）关系资本与企业效益相关性不显著，且数据也不支持私人投资公共品有益于企业效益的增长。这个结果既不符合国外文献对关系资本、社会资本的研究成果，也不符合中国现阶段的实际情况，研究走进了死胡同。

在2017年1—3月，研究工作的重点是，重新梳理文献，力求找出其他能够解释和佐证实证结果的参考文献。目前，中国学者对公共品的研究大多从政府行政管理的视角出发，重点关注在对宏观经济的影响、对社会文化的影响、操作流程合法性等方面，鲜有基于企业投资视角，关注企业经济效益的文章。

2017年6月，通过一次偶然机会，笔者与DBA10级学长交流自己的困惑，学长建议随机挑选50个填写问卷的企业做访谈，了解企业的实际情况，比照问卷的题目分析差距，请求受访人员尽量用财务数据支持其论点。在完成了对50家企业的访谈后，笔者惊奇地发现，现阶段政府为鼓励企业承接公共品，愿意给出高于商业化运作的发标价格，或是丰厚的财税优惠，或是将公共项目与利润丰厚的商业房地产项目捆绑。同时，笔者还发现由于2016年设计的问卷过于学术化，答题者不能准确理解问题，实际问卷获得的答案与真实情况离散度较大。更重要的是，70%的受访者都指出，他们以前填写的相关投资问卷，大多需要用财务数据支撑，建议我们尽量将自变量和因变量财务数据化。

4.3.2 第二阶段：2018年2—9月

2018年2月，笔者把50家企业的访谈结果以及697份问卷的统计结果在团队学术例会上分发讨论，并请专家对数据分析、使用提出意见，绝大部分的专家指出问卷中存在较大问题，主要在于论文中的自变量和因变量在题项中未得到充分体现，建议在原有问卷基础上增加企业参与公共品投资、企业绩效的题项。根据访谈的结果和专家的建议，笔者对问卷进行了相应修订，在问卷中增加第五部分内容：因变量的测量和调整，以及增加第二部分的内容。在导师的帮助下，确定了反映企业绩效的三个指标，分别是年均营业收入、年均利润和年均市场占有率，并对第二部分的原有内容格式进行调整，增加了企业整体投资情况。

2018 年 3 月初，笔者邀请导师、专家、企业高管和同学对修改后的问卷进行再次讨论。笔者发现，第一部分中涉及被调查者信息的题目太多，且与本研究关系不大，建议压缩部分内容；企业资产规模的题项中选项设计不合理，不能反映真实情况，建议重新设计；调节变量选择不全面，建议增加企业上市、高新技术企业认证以及是否为房地产企业三个题项。问卷整体太长，建议第五部分内容并入第二部分，第二部分的标题调整为企业投资公共品状况。根据本研究的设计，问卷的第三、四部分测量了两个中介变量——社会资本和溢出效应，第三部分涵盖的题项不够全面，建议从政府性社会资本和市场性社会资本两个方面增加、筛选题项，将该部分标题修改为社会资本；建议第四部分从财税优惠和市场能力两个方面增加、筛选题项，将该部分标题修改为溢出效应。根据建议修改后形成了第八版问卷，准备进行试调查。

笔者利用参会的机会使用第八版问卷进行了试调查。问卷要求被调查者根据企业的实际表现，对题项陈述与企业实际情况的符合程度进行评分。参与试调查的企业共 20 余家，企业涵盖东中西部，向企业的中高层管理人员共发放问卷 50 余份，收回 46 份，其中有效问卷 45 份。

根据试调查问卷分析结果、填写问卷所用时间以及现场反馈，我们对问卷做了最后的修改，其中第四部分标题修改为 M2 经济溢出的测度，第三、四部分测量题项经过修改和增删调整，分别为 22 个、20 个，重新斟酌了题项措辞，问卷长度适当压缩、版面设计进一步优化，形成了用于正式调查的问卷。从 2018 年 7 月初至月底，除青海、云南以及港澳台以外，笔者在中国的 29 个省、自治区、直辖市共发放问卷 500 份。问卷发放采用三种形式：一是个别发放，当面填写完毕即收回；二是在集会场合统一发放，带回填写，两周后收回；三是通过“问卷星”平台进行问卷调查。最后收回问卷390份，其中有效问卷329份。问卷回收率和回收问卷有效率分别为78%和84.36%。

2018年10月，作者通过对329份有效问卷进行初步量化分析，以检验样本的有效性，发现社会资本和溢出效应的中介作用为负，与现有理论和事实不相符。作者把这一问题在团队学术例会上进行讨论，初步认为是指标设计原因，根据导师建议剔除部分指标进行分析，但问题依然存在，即指标设计没有问题。通过团队对有效样本分析，发现职位填写为员工、投资顾问、无、部门经理和财务总监的10位被调查者对于问卷中社会资本和溢出效应所包括题项的作答偏离其他被调查者，经过讨论认为是职务限制这些被调查者对相关信息的了解，建议剔除这10个样本。根据建议对样本进行再次筛选，有效样本量为319份，并对样本的有效性进行检验，发现社会资本和溢出效应的中介作用为正。

4.4 样本描述

4.4.1 地区分布

如图4－2所示的是调查样本的地区分布。从统计结果来看，样本主要集中分布在广东、江苏和北京三地，并且，样本分布由东向西递减，完全符合中国公共服务设施和公共品由沿海富裕的东部和南部发达地区，特别是珠江三角洲和长江三角洲地区，逐渐向北部和西部欠发达地区递减的客观现实。样本的这种分布形态和企业投资公共事务的实际地域分布基本一致。这也表明，本书的数据不但具有很好的区域代表性，也能够反映中国大陆公共服务设施投资的客观现实。

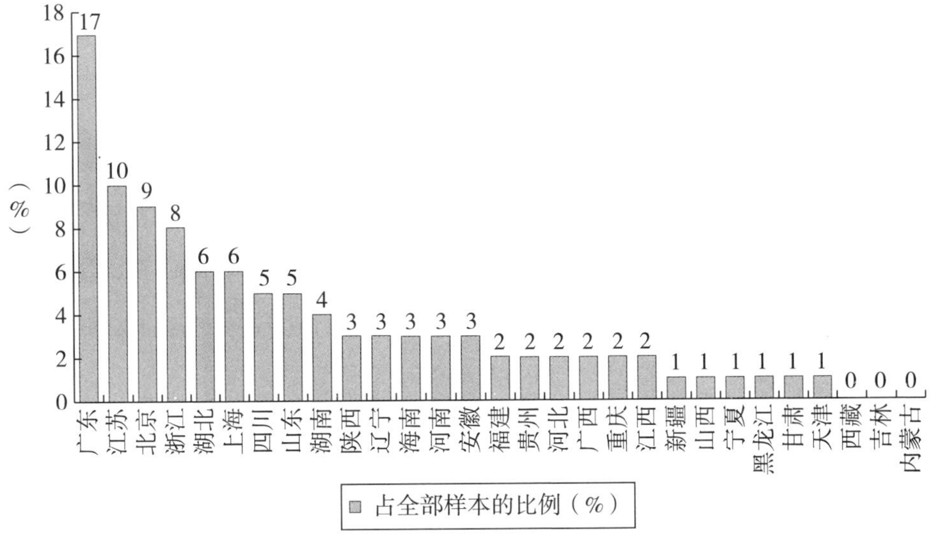

图 4－2 调查样本的地区分布

4.4.2 行业分布

如图 4－3 所示的是调查样本的行业分布。结果表明，样本主要集中在制造业、信息服务和电力煤气水，占样本总量的 37%。其中，制造业所占比例最大，超过了总样本的 1/6。以上数据也证明了中国政府于 2014 年底提出的中国“智能制造 2025”的概念，为正处在国际产业分工、格局重塑与中国经济发展的新历史性交汇时刻的中国制造业，指明了由大到强的发展方向，把制造业和信息化在科技与制造融合方面推向了一个前所未有的高度，加快了中国新一轮产业与科技变革。但在另一方面，具有较强运营能力的房地产、交通运输、卫生、金融、商贸零售、教育、建筑等行业的企业参与公共品投资的数量在增加，已经投资公共品的该领域企业约占本次样本总量的 1/3，说明政府不但开始关注公共品的投资，也开始注重后期的运营维护，力求为居民提供更优质的服务。

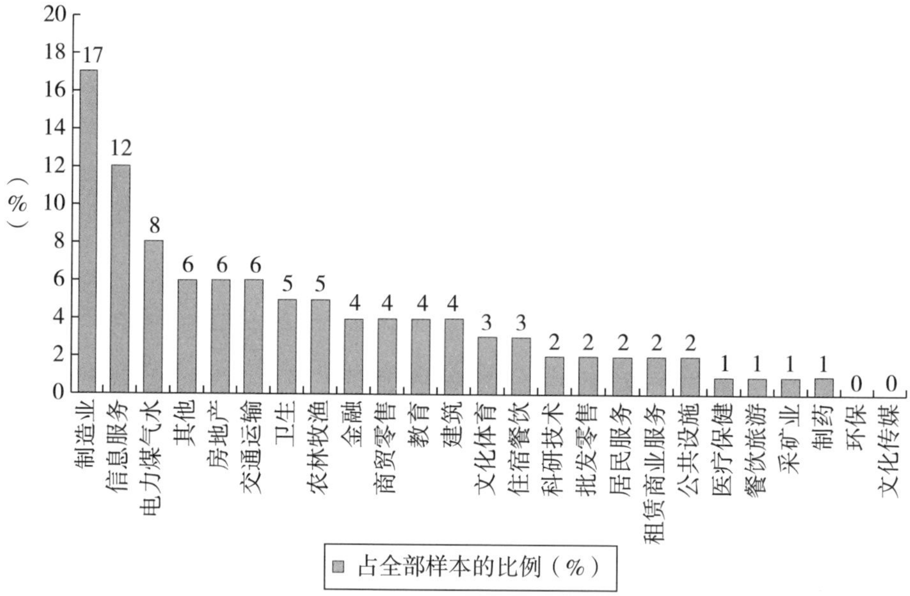

图 4-3 调查样本的行业分布

4.4.3 所有制分布

如图 4-4 所示的是企业所有制性质情况。结果显示，77%的受访企业为私营企业，居第一位；18%为地方国有企业，居第二位；其他所有制性质的企业较少。私营企业参与公共品供给对于企业和政府都是有利的。对于政府而言，通过引入私营企业作为公共品供给的合伙人，一方面可以使部分投资风险转移给私营合伙人（Li, et al., 2005），另一方面可以缩短项目的完成时间（Downer and Porter, 1992；Hall, 1998）。此外，能解决政府发展公用事业资金不足的瓶颈问题。对于私营企业而言，社会资本先天贫弱，很多经济领域面临进入壁垒，导致其生存发展的空间受到严重限制，中国私营企业要发展需要与政府协调达成一致（张维迎，2001）。因为，私营企业无法在所有权上和政府发生关联，就更有动力通过其他途径（如参与公共品供给等）与政府建立良好的合作关系，以换取能实现价值增长的政治资源（马虹，2016），这是一种非常具有价值的隐性资产，可以提高其资本获利能力，也可能会使其对地方国有企业过度投资（曹春方，2013）。所以，私营企业和地方国有企业是参与公共品投资和建设的主力军，也是本文调查的重点受访对象。

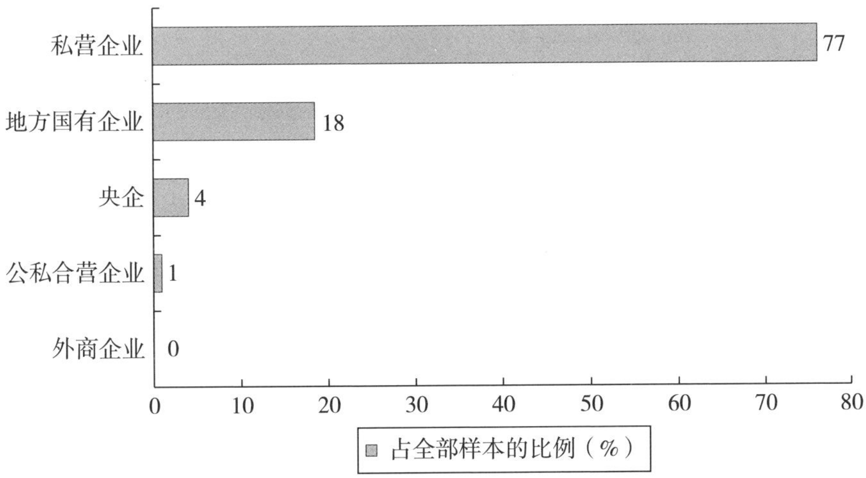

图 4-4 企业所有制性质情况

4.4.4 受访者职位

图 4-5 统计的是受访者在公司中的职位（profile of the respondents），结果显示：受访者主要为公司的总经理助理、投资经理和副总经理等。本次问卷涉及企业的发展战略、组织架构、技术研发、对外投资等数据，企业专业部门的负责人和高管才掌握以上数据，本书调查问卷的填写者中有73%属于以上人群，使得数据的真实性得到了保障。作为本书的亮点，真实可靠的数据，以及与企业投资总监或总经理的面对面访谈，确保了企业对外投资这个战略性话题的工作顺延性，排除偶发性投资因素，将投资公共品作为发展战略的企业作为样本。

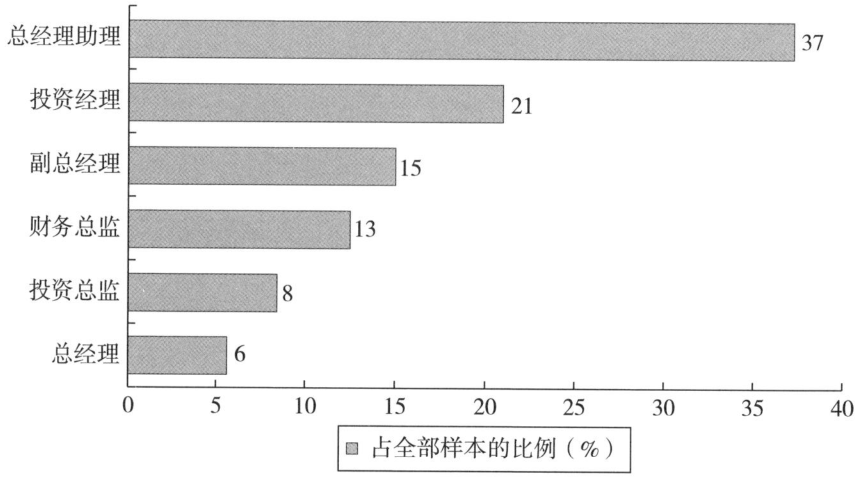

图 4－5　受访者在公司中的职位

4.5　变量统计分析

表 4－3 为因变量、解释变量和中介变量的描述统计情况。

表 4－3　　　变量的基本情况描述

变量名	均值	中位数	标准差	最小值	最大值	变量名	均值	中位数	标准差	最小值	最大值
项目收益率	3.81	0.12	10.37	－2.33	79.34	*f*2	3.79	4.00	2.05	1.00	7.00
企业收益率	4.77	0.19	8.96	0.00	73.91	*f*3	3.98	4.00	1.80	1.00	7.00
公共品投资额	7.48	6.81	2.42	－0.92	14.03	*f*5	3.88	4.00	1.84	1.00	7.00
公共品投资率	33.49	21.03	34.12	0.00	100.00	*f*6	3.88	4.00	1.71	1.00	7.00
*s*5	3.89	4.00	1.78	1.00	7.00	*f*7	3.82	4.00	1.80	1.00	7.00
*s*6	3.90	4.00	1.72	1.00	7.00	*f*8	3.89	4.00	1.88	1.00	7.00
*s*7	3.99	4.00	1.66	1.00	7.00	*f*9	3.94	4.00	1.96	1.00	7.00
*s*8	3.89	4.00	2.04	1.00	7.00	*f*12	3.83	4.00	1.68	1.00	7.00
*s*9	3.91	4.00	1.83	1.00	7.00	*f*13	3.87	4.00	1.64	1.00	7.00
*s*11	3.92	4.00	1.86	1.00	7.00	*f*14	4.02	4.00	1.71	1.00	7.00
*s*13	3.88	4.00	1.75	1.00	7.00	*f*15	3.95	4.00	1.72	1.00	7.00

续 表

变量名	均值	中位数	标准差	最小值	最大值	变量名	均值	中位数	标准差	最小值	最大值
*s*16	3.90	4.00	1.81	1.00	7.00	*f*16	4.00	4.00	1.66	1.00	7.00
*s*17	3.96	4.00	1.92	1.00	7.00	*f*17	3.88	4.00	1.63	1.00	7.00
*s*18	3.86	3.00	2.07	1.00	7.00	*f*18	3.95	4.00	1.60	1.00	7.00
*s*19	3.98	4.00	1.78	1.00	7.00	*f*19	4.00	4.00	1.69	1.00	7.00
*s*21	3.95	4.00	1.70	1.00	7.00	*f*20	4.04	4.00	1.69	1.00	7.00
s22	3.89	4.00	1.80	1.00	7.00						

注：表中公共品投资额为取对数值。中介变量的指标为筛选后的指标。

4.5.1 解释变量

结果显示，受访企业中参与公共品供给投资额对数的平均值为7.48（约为31278.33万元），标准差为2.42，表明中国企业对公共品的投资金额较大，且企业间公共品供给投资额存在较大差异。受访企业公共品供给投资率平均值为33.49，标准差为34.12，表明企业公共品供给投资率较高，且也存在较大差异。综上所述，当前中国企业对公共品的投资强度大，投资强度存在明显的差异。

4.5.2 因变量

统计结果显示，受访企业中参与公共品供给获得的项目收益率的均值为3.81，标准差为10.37，相比西方公共品项目1%～2%的收益率已经高出很多了（西方企业多采用“最小成本法”“费用效果法”“价值工程法”对公共项目实施财务评价）。这说明中国企业公共品投资的项目收益率较高，且存在明显的企业差异。受访企业收益率的均值为4.77，标准差为8.96，说明企业间收益率也存在显著差异。对比公共品项目收益和企业总收益，公共品的项目收益率要低于企业的收益率，但相差不是很大，这表明中国企业投资公共品能获得较高的收益，公共品项目收益率较高，对企业意义重大。

4.5.3 中介变量

统计结果表明，社会资本各衡量指标的平均值在3.86～3.99，略小于中位数4，说明在受访期间，超过一半的受访者认为企业未因其参与公共品供给而获得社会资本；除$f14$、$f16$、$f19$和$f20$四个指标外，溢出效应的其他衡量指标的平均值都略小于中位数，这也意味着在受访期间，超过一半的受访者认为企业在某些方面未因其参与公共品供给而获得溢出效应。

4.6 本章小结

本章采用问卷调查的方式，对目前中国私人营利部门（公司或企业）参与公共品供给对企业收益的影响进行研究，共分为四个部分：第一部分为根据研究框架和假设检验的需要进行问卷设计，重点介绍了变量的测量和指标选择；第二部分为问卷调整和预调研；第三部分为样本描述分析；第四部分为问卷结果的变量统计分析。统计分析发现，企业参与公共品供给的项目收益率分布较分散，并且平均值显著低于企业收益率的平均值；企业参与公共品供给的投资率分布相当分散；在受访期间，相当一部分的受访者认为企业未因其参与公共品供给而获得社会资本，企业在某些方面未因其参与公共品供给而获得溢出效应。在下一章将会对数据分析结果进行介绍。

5 实证检验结果及分析

5.1 样本描述性统计

本研究对受访企业的企业信息进行统计，情况如表 5 - 1 所示。

表 5 - 1　　样本企业信息统计

题目	选项	频数	百分比（%）
地区	东部	200	69.69
	中西部	87	30.31
资产规模	3000 万元以下	6	2.09
	3000 万 ~ 5000 万元	14	4.88
	5000 万 ~ 1.5 亿元	21	7.32
	1.5 亿 ~ 3 亿元	19	6.62
	3 亿 ~ 10 亿元	111	38.68
	10 亿元以上	116	40.42
所有制性质	私营企业	218	75.96
	国有企业	69	24.04
是否取得高新技术企业认证	否	201	70.03
	是	86	29.97
是否为上市公司	否	161	56.10
	是	126	43.90
是否为房地产（建筑）企业	否	257	89.55
	是	30	10.45

在287个样本中，企业均填写了省份信息，根据整理其中东部地区企业为200家，占总体样本的69.69%；中西部地区企业为87家，占总体样本的30.31%。总的来说，研究样本的东、中西部地区企业比例为1∶0.43，这与中国企业分布基本一致。

从资产规模来看，3000万元以下的企业有6家，占2.09%；3000万~5000万元的企业有14家，占4.88%；5000万~1.5亿元的企业有21家，占7.32%；1.5亿~3亿元的企业有19家，占6.62%；3亿~10亿元的企业有111家，占38.68%；10亿元以上的企业有116家，占40.42%。这表明，样本中的主要群体为3亿元以上的大型企业群体，占样本比例超过3/4以上。

从所有制性质来看，样本中私营企业有218家，占总体样本的75.96%，国有企业69家，占24.04%。从高新技术企业认证情况来看，在287家企业中，取得高新技术企业认证的企业有86家，占总体样本的29.97%。从企业上市情况来看，样本中有126家企业为上市公司，占总体样本的43.90%。从企业所属行业来看，样本中有30家企业为房地产（建筑）企业，占总体样本的10.45%。

5.2 公共品投资与项目直接收益检验

5.2.1 公共品投资的收益分析

5.2.1.1 整体收益分析

表5-2中模型（1）估计了2015年公共品投资率对整体收益的净影响。数据显示，私人企业投资公共品能够显著提高公司的收入。该结论验证了“企业投资公共品与企业整体收益正相关”的假设，为下文研究社会资本与溢出效应的中介变量提供了可行性。在模型（2）中本研究加入了

企业年龄、地区、规模、产权性质、是否上市等控制变量，此时公共品投资率对企业整体收益的作用不明晰。一个重要的原因是公共品投资与其他控制变量存在内生性，在下文的中介变量研究中，我们采用了结构方程的方法，一定程度上处理了相关的内生性问题。

表 5－2　　　　公共品投资对企业整体收益回归分析

	(1)	(2)
	对数营业收入	对数营业收入
公共品投资率	0.511* (0.282)	0.065 (0.275)
企业年龄		－0.012 (0.016)
东部地区		－0.084 (0.191)
资产规模（万元）		0.452*** (0.085)
产权性质		0.320 (0.211)
是否为上市公司		0.085 (0.208)
常数项	10.732*** (0.124)	8.830*** (0.335)
样本量	319	319
R^2	0.010	0.147

注：括号内为标准差；***、**、* 分别表示在 0.1%、1%、5% 的水平上显著。

5.2.1.2　项目收益分析

表 5－3 所示企业公共品项目收益率作为因变量与解释变量投资公共品的额度、公共品投资率的相关性分析结果。从结果来看，公共品投资率与公共品项目收益率显著正相关，投资公共品的额度与公共品项目收益率

正相关但不显著；资产规模（万元）、所有制性质、上市与公共品项目收益率显著负相关，东部地区、高新技术企业认证、房地产（建筑）企业与公共品项目收益率不具有统计学上的相关性。

表5－3　　　　公共品投资与项目收益的相关分析

	①	②	③	④	⑤	⑥	⑦	⑧	⑨	⑩
①	1									
②	0.039	1								
③	0.214***	0.466***	1							
④	0.127*	－0.088	0.047	1						
⑤	－0.233***	－0.002	0.007	－0.139*	1					
⑥	0.006	0.198***	0.014	－0.028	0.039	1				
⑦	－0.163**	0.050	－0.015	－0.0510	0.070	0.159**	1			
⑧	－0.011	0.331***	0.277***	－0.164**	0.059	0.117*	0.193**	1		
⑨	－0.290***	0.504***	0.165**	－0.094	0.229***	0.174**	0.227***	0.537***	1	
⑩	－0.104	－0.095	－0.109	0.053	0.089	－0.058	0.003	－0.000	0.031	1

注：①公共品投资收益率，②公共品投资额，③公共品投资率，④2015年营业收入（对数），⑤资产规模（万元），⑥东部地区，⑦所有制性质，⑧高新技术企业认证，⑨上市公司，⑩房地产（建筑）企业；***、**、*分别表示在0.1%、1%、5%的水平上显著。

表5－4中模型（1）估计了2015年营业收入、资产规模所在地区等控制变量对项目收益的影响；模型（2）在模型（1）之上加入公共品投资金额变量；模型（3）在模型（1）之上加入公共品投资率变量；模型（4）在模型（1）之上加入公共品投资金额、公共品投资率变量；模型（5）至模型（9）分别在模型（4）之上引入影响企业项目收益的调节变量。

模型（1）至模型（4）的估计结果表明，在对一些解释变量进行控制后，企业公共品投资额和公共品投资率对企业项目收益率有着显著的正向促进作用，并且公共品投资率的作用强度大于公共品投资额。

模型（4）至模型（9）的结果表明企业上市对企业项目收益产生显著的正向影响，企业所有制、是否为房地产（建筑）企业对企业项目收益的影响不显著，是否取得高新技术企业认证对企业项目收益的影响不确定。

表 5－4　　公共品投资对项目收益率的回归分析

	(1)	(2)	(3)	(4)	(5)	(6)	(7)	(8)	(9)
2015 年营业收入（万元）	0.142 (0.100)	0.165 $^{+}$ (0.098)	0.115 (0.097)	0.132 (0.097)	0.131 (0.097)	0.128 (0.097)	0.169 $^{+}$ (0.097)	0.138 (0.097)	0.171 $^{+}$ (0.097)
资产规模（万元）	−0.507 *** (0.120)	−0.762 *** (0.138)	−0.602 *** (0.118)	−0.718 *** (0.136)	−0.726 *** (0.136)	−0.675 *** (0.139)	−0.883 *** (0.153)	−0.710 *** (0.136)	−0.841 *** (0.155)
东部地区	−0.917 ** (0.322)	−0.749 * (0.319)	−0.882 ** (0.311)	−0.801 * (0.313)	−0.806 * (0.313)	−0.799 * (0.313)	−0.731 * (0.313)	−0.778 * (0.314)	−0.707 * (0.313)
公共品投资额		0.240 *** (0.067)		0.125 $^{+}$ (0.074)	0.115 (0.074)	0.119 (0.074)	0.133 $^{+}$ (0.073)	0.120 (0.074)	0.110 (0.074)
公共品投资率			2.003 *** (0.425)	1.635 *** (0.476)	1.671 *** (0.478)	1.622 *** (0.475)	1.381 ** (0.486)	1.602 *** (0.477)	1.352 ** (0.488)
产权性质					0.289 (0.325)				0.319 (0.325)
是否取得高新技术企业认证						−0.426 (0.304)			−0.541 $^{+}$ (0.305)
是否为上市公司							0.754 * (0.336)		0.807 * (0.337)
房地产（建筑）企业								−0.419 (0.454)	−0.429 (0.450)
常数项	1.276 $^{+}$ (0.765)	0.532 (0.777)	1.164 (0.737)	0.797 (0.766)	0.840 (0.768)	0.779 (0.765)	1.113 (0.773)	0.805 (0.766)	1.168 (0.772)
样本量	281	281	281	281	281	281	281	281	281
R^2	0.120	0.159	0.186	0.194	0.196	0.200	0.209	0.197	0.222
调整 R^2	0.111	0.147	0.174	0.179	0.179	0.182	0.191	0.179	0.196

注：括号内为标准差；***、**、*、$^{+}$ 分别表示在 0.1%、1%、5% 和 10% 的水平上显著。

模型（9）的估计结果表明，在对一些解释变量进行控制后，并考虑调节变量的情况下，企业公共品投资额对企业项目收益率有着的正向促进作用但不显著，公共品投资率对企业项目收益产生显著的正向影响。上述结果支持假设“H2：企业投资公共品与项目收益正相关”。2015 年营业收入的参数估计值为 0.171，且在 10% 水平上显著，也就是说企业的经营水平与企业投资公共品项目收益率之间存在正向关系；资产规模的增长对公共品项目收益的增长具有显著的负作用，资产规模的参数估计为 -0.841，在 0.1% 的水平上显著，经济含义是资产规模每增长 10%，公共品项目收益率减少 8.41%；东部地区对企业投资公共品项目收益率的影响符号为负，且在 5% 水平上显著，这可能主要是由于中国市场经济发展水平存在不平衡，中西部地区企业投资公共品项目意愿较低，竞争程度较低，企业更愿意投资收益率较高的公共品项目；所有制性质对企业投资公共品项目收益率具有正向影响，但并不显著，也就是说私营企业与国有企业投资公共品项目收益率不存在显著差异；是否取得高新技术企业认证的系数为 -0.541，且在 10% 水平上显著，说明相对于非高新技术认证企业，高新技术认证企业投资公共品项目收益率显著较低；是否为上市公司在 5% 显著水平上对企业投资公共品项目收益率具有正向影响，这可能主要是由于上市公司是中国企业中的佼佼者，其经营业绩高于非上市公司；是否为房地产（建筑）企业的参数估计值为 -0.429，但并不显著，说明是否为房地产（建筑）企业对其投资公共品项目收益率并未产生显著影响。

5.2.2 主要因素的调节作用检验

本书采用分组回归的方法来检验公司上市、获高新技术企业认证、所有制性质以及是否为房地产（建筑）企业，对企业投资公共品情况与公共品项目收益率之间关系的调节效应，结果见表 5-5。

表 5－5　主要因素对投资公共品与项目直接收益的调节作用检验结果

	公司是否上市		企业是否获高新技术认证		所有制性质		公司是否为房地产（建筑）企业	
	模型 1 非	模型 2 是	模型 3 非	模型 4 是	模型 5 民	模型 6 国	模型 7 非	模型 8 是
公共品投资额	0.263** (0.082)	－0.019 (0.108)	0.130 (0.079)	0.210 (0.148)	0.211** (0.079)	－0.055 (0.180)	0.139+ (0.080)	0.258 (0.189)
公共品投资率	0.641 (0.644)	1.859** (0.620)	1.349* (0.544)	2.103* (0.849)	0.970+ (0.532)	2.869* (1.110)	1.671** (0.506)	－0.331 (1.637)
资产规模（万元）	－1.113*** (0.136)	0.359 (0.421)	－0.770*** (0.132)	－0.208 (0.374)	－0.889*** (0.131)	－0.385 (0.433)	－0.787*** (0.140)	－0.987* (0.420)
2015 年营业收入（对数）	0.863*** (0.114)	－0.553*** (0.136)	0.521*** (0.109)	－0.490** (0.174)	0.275** (0.102)	－0.069 (0.256)	0.153 (0.102)	0.405 (0.335)
常数项	－1.987* (0.804)	－2.010 (2.139)	－0.887 (0.806)	－1.238 (1.778)	0.031 (0.766)	0.495 (2.428)	0.426 (0.800)	－0.461 (2.400)
样本量	155	126	195	86	212	69	252	29
R^2	0.485	0.178	0.292	0.178	0.232	0.130	0.170	0.236
调整 R^2	0.472	0.151	0.278	0.138	0.217	0.076	0.156	0.108

注：括号内为标准差；***、**、*、+ 分别表示在 0.1%、1%、5% 和 10% 的水平上显著。

本书将样本分为上市公司和非上市公司两组，分别进行线性回归分析。非上市公司组的回归模型为模型 1，上市公司组的回归模型为模型 2。分析结果显示，非上市公司组公司公共品投资额对公共品项目收益率有正向的显著影响，且在 1% 水平上显著，公司公共品投资率对于公共品项目收益率并未有显著影响；而上市公司组公司公共品投资额与公共品项目收益率之间存在着负相关关系，但不显著，公司公共品投资率对公共品项目收益率有正向的显著影响，且在 1% 的水平上表现出了显著性。综合来看，非上市公司公共品投资对公共品项目收益率的影响程度显著低于上市公司。这说明，企业上市显著正向调节企业投资公共品对公共品项目收益率的正向影响，即上市企业投资公共品对公共品项目收益率的正向影响会增强，假设“H3：企业的上市属性正向调解企业投资公共品与项目收益之间的关系”得到验证。

本书将样本分为高新技术认证企业和非高新技术认证企业两组，分别进行线性回归分析。非高新技术认证企业组的回归模型为模型3，高新技术认证企业组的回归模型为模型4。分析结果显示，非高新技术认证企业组的企业公共品投资额与公共品项目收益率之间的关系呈正相关但不显著，企业公共品投资率的系数为1.349，且在5%的水平上显著；而高新技术认证企业组的企业公共品投资额与公共品项目收益率之间的关系不显著，企业公共品投资率的参数估计为2.103，并通过5%的显著检验。这说明，获高新技术认证的企业对其投资公共品与公共品项目收益率之间关系的调节作用为促进作用，上述结果支持假设“H4：企业的高新技术产业属性正向调解企业投资公共品与项目收益之间的关系”。

本书将样本分为民营企业和国有企业两组，分别进行线性回归分析。民营企业组的回归模型为模型5，国有企业组的回归模型为模型6。分析结果显示，民营企业组企业公共品投资额与公共品项目收益率之间有正向的显著影响，且在1%水平上显著，企业公共品投资率的系数为0.970，且在10%的水平上显著；而国有企业组企业公共品投资额与公共品项目收益率之间存在着负相关关系，但不显著，企业公共品投资率的参数估计为2.869，并通过5%的显著检验。综合来看，民营企业公共品投资对公共品项目收益率的影响程度显著低于国有企业。这说明，企业所有制性质显著正向调节企业投资公共品对公共品项目收益率的正向影响，即国有企业投资公共品对公共品项目收益率的正向影响会增强，假设“H5：企业的国有属性正向调解企业投资公共品与项目收益之间的关系”得到验证。

本书将样本分为房地产（建筑）企业和非房地产（建筑）企业两组，分别进行线性回归分析。非房地产（建筑）企业组的回归模型为模型7，房地产企业组的回归模型为模型8。分析结果显示，非房地产（建筑）企业组的企业公共品投资额、公共品投资率对于公共品项目收益率在不同程度上产生了显著的正面影响；而房地产（建筑）企业组的企业公共品投资额、公共品投资率对于公共品项目收益率并未有显著影响。这说明，相对于房地产（建筑）企业，非房地产（建筑）企业对其投资公共品与公共品项目收益率之间关系的调节作用为增强作用，上述结果支持假设“H6：企业的房地产（建筑）产业属性负向调解企业投资公共品与项目收益之间的关系”。

5.3 社会资本和溢出效应的中介作用检验

5.3.1 描述性统计

本书研究变量的描述性统计如表5－6所示。除个别变量的平均值超过4外，其余变量的平均值小于4，说明超过一半的企业认为投资公共品并未获得额外的社会资本和溢出效应。

表5－6　　中介效应中主要研究变量的描述性统计

变量	最小值	最大值	均值	标准差	变量	最小值	最大值	均值	标准差
*s*1	1	7	3.85	1.689	*m*1	1	7	3.81	2.074
*s*2	1	7	3.83	1.726	*m*2	1	7	3.79	2.048
*s*3	1	7	3.88	1.891	*m*3	1	7	3.98	1.801
*s*4	1	7	3.87	1.657	*m*4	1	7	3.90	1.594
*s*5	1	7	3.89	1.777	*m*5	1	7	3.88	1.837
*s*6	1	7	3.90	1.720	*m*6	1	7	3.88	1.711
*s*7	1	7	3.99	1.658	*m*7	1	7	3.82	1.804
*s*8	1	7	3.89	2.041	*m*8	1	7	3.89	1.883
*s*9	1	7	3.91	1.825	*m*9	1	7	3.94	1.956
*s*10	1	7	3.93	1.818	*m*10	1	7	3.99	2.010
*s*11	1	7	3.92	1.856	*m*11	1	7	3.86	1.755
*s*12	1	7	3.86	1.873	*m*12	1	7	3.83	1.679

续 表

变量	最小值	最大值	均值	标准差	变量	最小值	最大值	均值	标准差
*s*13	1	7	3.88	1.749	*m*13	1	7	3.87	1.645
*s*14	1	7	3.93	1.912	*m*14	1	7	4.02	1.705
*s*15	1	7	3.92	1.725	*m*15	1	7	3.95	1.717
*s*16	1	7	3.90	1.809	*m*16	1	7	4.00	1.657
*s*17	1	7	3.96	1.922	*m*17	1	7	3.88	1.627
*s*18	1	7	3.86	2.070	*m*18	1	7	3.95	1.596
*s*19	1	7	3.98	1.776	*m*19	1	7	4.00	1.687
*s*20	1	7	3.76	1.766	*m*20	1	7	4.04	1.693
*s*21	1	7	3.95	1.700					
*s*22	1	7	3.89	1.802					

5.3.2 测量工具信度效度分析

5.3.2.1 探索性因子分析（EFA）

（1）社会资本

首先，对22个题项进行探索性因子分析。第一步，进行KMO检验和巴特利球体检验，表5-7中第一次检验结果显示，KMO检验系数为0.970，*p*值为0.000。一般认为KMO统计量在0.5以下时不适合做因子分析，超过0.7时，模型更适合进行因子分析（张文彤，2013），当巴特利球体检验中*p*值小于0.001时，表示其在0.1%的显著性水平上拒绝零假设，认为该组量表相关系数矩阵不可能是单位阵，即原始变量之间存在相关性，适合进行因子分析。第二步，采用主成分因子分析法，对样本数据进行迭代式多轮探索性因素分析后，对指标进行主成分抽取和正交旋转，提取特征值大于1的因子3个，结果见表5-8中第一次因子分析。本书设定题项删除的原则为：聚合有效性原则，所有标准化的因子载荷要大于0.5且达到显著水平，尽量保证每个维度有不少于3个指标；区别有效性原则，一个测度项与其对应因子的载荷要大于这个测度项与其他所有因子的载荷。根据原则将删除 *s*1、*s*2、*s*3、*s*4、*s*10、*s*12、*s*14、*s*15 和 *s*20 共 9 个题项，保留 13 个题项。

表 5－7　　KMO 检验和巴特利球体检验结果（社会资本）

第一次检验			第二次检验		
KMO 样本充足率检验		0.970	KMO 样本充足率检验		0.955
巴特利球体检验	近似卡方	5361.176	巴特利球体检验	近似卡方	2814.810
	自由度	231		自由度	78
	显著性	0.000		显著性	0.000

其次，对 13 个题项进行因子分析。第一步，进行 KMO 检验和巴特利球体检验，表 5－7 中第二次检验结果显示，KMO 检验系数为 0.955，*p* 值为 0.000，说明该问卷中相关题项适合进行因子分析。第二步，采用主成分因子分析法，对样本数据进行迭代式多轮探索性因素分析后，对指标进行主成分抽取和正交旋转，提取特征值大于 1 的因子 2 个，结果见表 5－8 第二次因子分析。

表 5－8　　社会资本的探索性因子分析

题项	第一次因子分析			题项	第二次因子分析	
	1	2	3		1	2
*s*8	0.871	0.218	0.102	*s*8	0.877	0.233
*s*18	0.853	0.246	0.107	*s*18	0.863	0.267
*s*17	0.791	0.287	0.194	*s*17	0.816	0.334
*s*9	0.730	0.295	0.185	*s*9	0.769	0.314
*s*19	0.728	0.309	0.161	*s*19	0.747	0.339
*s*22	0.593	0.444	0.331	*s*22	0.608	0.516
*s*3	0.491	0.429		*s*7	0.165	0.836
*s*1	0.470	0.464		*s*6	0.271	0.768
*s*10	0.459	0.335	0.288	*s*5	0.249	0.758

续 表

题项	第一次因子分析			题项	第二次因子分析	
	1	2	3		1	2
*s*14	0.454	0.247	0.124	*s*21	0.382	0.642
*s*12	0.448	0.436	0.165	*s*16	0.563	0.603
*s*20	0.437	0.421	0.258	*s*13	0.494	0.585
*s*15	0.408	0.392	0.306	*s*11	0.465	0.570
*s*7	0.175	0.819	0.134			
*s*5	0.262	0.766				
*s*6	0.276	0.733	0.187			
*s*16	0.474	0.585	0.173			
*s*13	0.476	0.579	0.146			
*s*21	0.353	0.569	0.312			
*s*11	0.409	0.522	0.314			
*s*2			0.871			
*s*4	0.335	0.287	0.628			

其中，“*s*8——本企业与产业链上下游企业建立了良好的联系”“*s*9——本企业与生产相同或相似产品或服务的企业建立良好合作”“*s*17——顾客对于本企业品牌忠诚度提高”“*s*18——本企业在行业内具有良好的声誉”“*s*19——本企业在行业外具有较高的知名度”“*s*22——本企业更容易获得投资者的投资”在因子 1 上有较高的因子载荷，因此将因子 1 命名为“市场性社会资本（*f*1）”。

“*s*5——政府会邀请本企业作为杰出代表参加外事活动”“*s*6——政府邀请本企业作为新政策的试点企业”“*s*7——政府邀请企业作为政府项目的评标代表”“*s*11——本企业与科研院所建立良好的研发合作”“*s*13——本企业获得所属行业协会的重要职位”“*s*16——本企业获得政府或行业授予的各种荣誉称号、头衔和社会职务”“*s*21——本企业获得周期性产品或服务免检认证”在因子 2 上有较高的因子载荷，因此将因子 2 命名为“政府性社会资本（*f*2）”。

（2）溢出效应

首先，对 20 个题项进行探索性因子分析。第一步，进行 KMO 检验和巴特利球体检验，表 5－9 中第一次检验结果显示，KMO 检验系数为 0.959，*p* 值为 0.000，说明该问卷中相关题项适合进行因子分析。第二步，采用主成分因子分析法，对样本数据进行迭代式多轮探索性因素分析后，对指标进行主成分抽取和正交旋转，提取特征值大于 1 的因子 2 个，结果见表 5－9 第一次因子分析。根据本文设定题项删除的原则，将删除 *m*1、*m*4、*m*10 和 *m*11 共 4 个题项，保留 16 个题项。

表 5－9　KMO 检验和巴特利球体检验结果（溢出效应）

第一次检验			第二次检验		
KMO 样本充足率检验		0.959	KMO 样本充足率检验		0.943
巴特利球体检验	近似卡方	4886.997	巴特利球体检验	近似卡方	3622.895
	自由度	190		自由度	120
	显著性	0.000		显著性	0.000

其次，对 16 个题项进行因子分析。第一步，进行 KMO 检验和巴特利球体检验，表 5－9 中第二次检验结果显示，KMO 检验系数为 0.943，*p* 值为 0.000，说明该问卷中相关题项适合进行因子分析。第二步，采用主成分因子分析法，对样本数据进行迭代式多轮探索性因素分析后，对指标进行主成分抽取和正交旋转，提取特征值大于 1 的因子 2 个，结果见表 5－10 第二次因子分析。

表 5－10　溢出效应的探索性因子分析

题项	第一次因子分析		题项	第二次因子分析	
	1	2		1	2
*m*9	0.872	0.122	*m*2	0.876	
*m*2	0.870	0.107	*m*9	0.875	0.106

续 表

题项	第一次因子分析		题项	第二次因子分析	
	1	2		1	2
*m*8	0.856	0.208	*m*8	0.870	0.192
*m*5	0.828	0.215	*m*5	0.833	0.201
*m*3	0.813	0.229	*m*3	0.822	0.210
*m*7	0.802	0.308	*m*7	0.821	0.289
*m*12	0.726	0.377	*m*12	0.746	0.351
*m*6	0.706	0.351	*m*6	0.727	0.334
*m*1	0.484		*m*13	0.162	0.787
*m*10	0.424	0.171	*m*20	0.255	0.783
*m*11	0.418	0.330	*m*15		0.776
*m*13	0.147	0.790	*m*18	0.187	0.764
*m*20	0.238	0.782	*m*14	0.212	0.734
*m*15		0.775	*m*17	0.212	0.712
*m*18	0.183	0.754	*m*16	0.125	0.711
*m*14	0.192	0.741	*m*19	0.344	0.661
*m*16	0.118	0.712			
*m*17	0.203	0.712			
*m*19	0.325	0.665			
*m*4	0.425	0.466			

其中，“*m*2——本企业更注重对企业战略、文化、管理、组织等进行整合”“*m*3——本企业有很强整合分散的增值环节的能力，创造出新的价值链”“*m*5——本企业能够很容易从市场中筛选出能力强的合作伙伴”“*m*6——本企业在产业链中具有较强的议价能力”“*m*7——本企业具备较强的整合行业价值链的能力”“*m*8——本企业具有很强的识别和获取市场机会的能力”“*m*9——本企业赢得消费者信任，有助于扩大市场份额”“*m*12——本企业经常先于竞争对手获得产品或项目相关的知识和信息”在因子 1 上有较高的因子载荷，因此将因子 1 命名为“市场能力（*mf*1）”。

"m13——本企业获得高比例的财政补贴""m14——本企业能以较低的成本获得资源（如土地、矿产等）""m15——本企业能从政府获得其他企业难以获得的稀缺资源""m16——本企业的所得税适用税率较低""m17——本企业的所得税享受较高起征点（或免征额）""m18——本企业的所得税享受税额减免较多""m19——本企业更容易获得项目特许经营权""m20——本企业更容易获得政府的专项财税补贴"在因子2上有较高的因子载荷，因此将因子2命名为"财税优惠（mf2）"。

5.3.2.2　验证性因子分析（CFA）

（1）社会资本

本研究首先对社会资本的影响因素进行拟合，估计参数和残差结果如图5-1所示，拟合指标如表5-11所示。模型的χ^2为178.106，$\chi^2/df=2.783$，在0.1%的显著性水平下通过显著性检验。RMSER为0.075，小于推荐值0.08；RMR为0.159，大于推荐值0.05；NFI、NNFI、CFI、GFI、RFI、IFI的值分别为0.938、0.950、0.959、0.914、0.924、0.959，均大

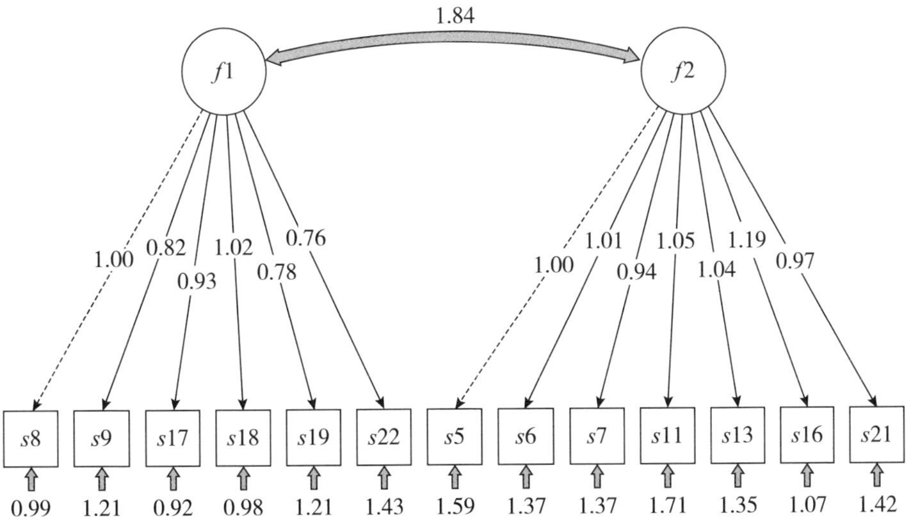

图5-1　企业收益影响因素的验证性因子分析（社会资本）

于推荐值0.90；AGFI为0.878，大于推荐值0.80。除了RMR没有达到要求以外，其他指标均达到要求，表明模型与数据的拟合程度较好。

表5-11　　社会资本验证性因子分析模型拟合结果

拟合指标	推荐值	本书研究值
自由度（χ^2）	越小越好	178.106
卡方自由度比（χ^2/df）	<5	2.783
近似的均方根误差（RMSER）	<0.08	0.075
残差均方和平方根（RMR）	<0.05	0.159
规范拟合指数（NFI）	>0.90	0.938
非规准拟合指数（NNFI）	>0.90	0.950
比较适配指数（CFI）	>0.90	0.959
拟合优度指数（GFI）	>0.90	0.914
调整后拟合优度指数（AGFI）	>0.80	0.878
相对适配指数（RFI）	>0.90	0.924
增值适配指数（IFI）	>0.90	0.959

从验证性因子分析的结果来看，各个构念的测量题项在对应的构念上均具有较高的因子负载，负载值位于0.76~1.19。各个构念之间的相关系数位于0.92~1.71，高于临界值0.9。

（2）溢出效应

本研究首先对溢出效应的影响因素进行拟合，估计参数和残差结果如图5-2所示，拟合指标如表5-12所示。模型的χ^2为330.739，χ^2/df=3.211，在0.1%的显著性水平下通过显著性检验。RMSER为0.083，略大于推荐值0.08；RMR为0.189，大于推荐值0.05；NFI、NNFI、CFI、IFI的值分别为0.911、0.926、0.936、0.937，均大于推荐值0.90；GFI为0.872，略小于推荐值0.90；AGFI为0.831，略大于推荐值0.80；RFI为0.896，略小于推荐值0.90。除了RMSER、RMR、GFI和RFI四个指标没有达到要求以外，其他指标均达到要求，表明模型与数据的拟合程度一般。

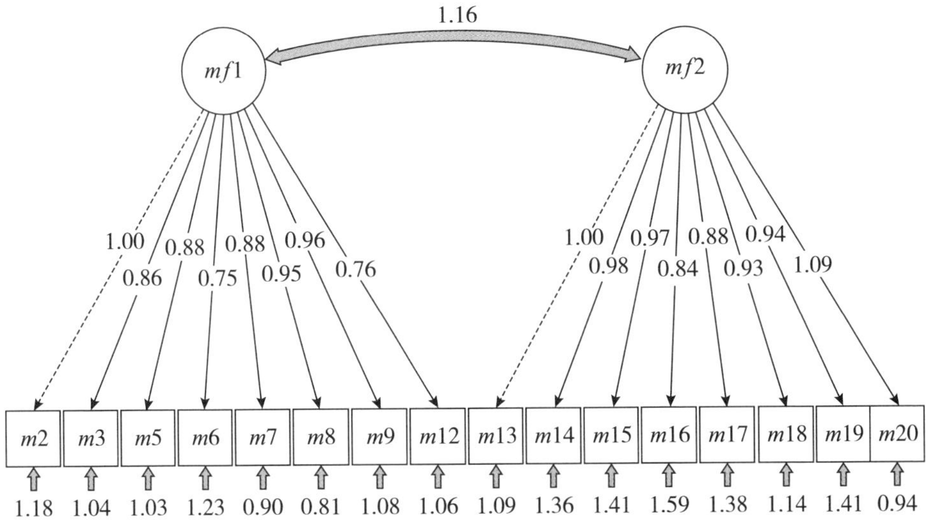

图 5－2　企业收益影响因素的验证性因子分析（溢出效应）

表 5－12　溢出效应验证性因子分析结果

拟合指标	推荐值	本文研究值
自由度（χ^2）	越小越好	330. 739
卡方自由度比（χ^2/df）	<5	3. 211
近似的均方根误差（RMSER）	<0. 08	0. 083
残差均方和平方根（RMR）	<0. 05	0. 189
规范拟合指数（NFI）	>0. 90	0. 911
非规准拟合指数（NNFI）	>0. 90	0. 926
比较适配指数（CFI）	>0. 90	0. 936
拟合优度指数（GFI）	<0. 90	0. 872
调整后拟合优度指数（AGFI）	>0. 80	0. 831
相对适配指数（RFI）	<0. 90	0. 896
增值适配指数（IFI）	>0. 90	0. 937

从验证性因子分析的结果来看，各个构念的测量题项在对应的构念上均具有较高的因子负载，负载值位于 0. 75 ~ 1. 09。各个构念之间的相关系

数位于0.81～1.59，绝大多数高于临界值0.9。

5.3.2.3 信度和效度分析

(1) 信度分析

数据的信度又称为数据的可靠性，指的是一组项目是否在测量同一概念，其是衡量数据质量的非常重要的指标。当前学术界采用内部一致性来描述测量工具的信度，最常用的指标是 Cronbach's Alpha（α）。一般认为探索研究的 Cronbach's Alpha（α）系数大于0.7，应用研究的 Cronbach's Alpha（α）系数不小于0.9，则数据通过内部一致性检验（李怀祖，2004）。由于本部分主要是探索社会资本和溢出效应的维度及测度量表，因此信度检验的 Cronbach's Alpha（α）系数临界值选为0.7。

本研究采用 Cronbach's Alpha（α）系数并结合修正后总相关性系数（CITC）、该指标删除后 Cronbach's Alpha 值对社会资本的市场性社会资本（*f*1）、政府性社会资本（*f*2），溢出效应的市场能力（*mf*1）、财税优惠（*mf*2）等分量表及其各构想层面的信度分析结果如表5－13、表5－14所示。

表5－13　社会资本变量的信度分析

变量	题项	该指标删除后的均值	该指标删除后的方差	修正后总相关性系数（CITC）	该指标删除后 Cronbach's Alpha 值	Cronbach's Alpha
*f*1	*s*8	15.71	44.390	0.838	0.899	0.924
	*s*9	15.69	48.548	0.766	0.913	
	*s*17	15.64	46.186	0.822	0.902	
	*s*18	15.74	44.003	0.840	0.899	
	*s*19	15.62	49.562	0.745	0.917	
	*s*22	15.71	44.390	0.838	0.899	

续 表

变量	题项	该指标删除后的均值	该指标删除后的方差	修正后总相关性系数（CITC）	该指标删除后 Cronbach's Alpha 值	Cronbach's Alpha
*f*2	*s*5	23.53	68.212	0.676	0.877	0.891
	*s*6	23.53	68.250	0.704	0.873	
	*s*7	23.44	69.335	0.693	0.875	
	*s*11	23.51	67.804	0.653	0.880	
	*s*13	23.55	68.406	0.683	0.876	
	*s*16	23.53	66.206	0.738	0.869	
	*s*21	23.48	69.420	0.667	0.878	

表 5－14　溢出效应变量的信度分析

变量	题项	该指标删除后的均值	该指标删除后的方差	修正后总相关性系数（CITC）	该指标删除后 Cronbach's Alpha 值	Cronbach's Alpha
*mf*1	*m*2	27.23	117.014	0.820	0.937	0.946
	*m*3	27.04	122.464	0.799	0.939	
	*m*5	27.14	121.509	0.807	0.938	
	*m*6	27.14	126.333	0.736	0.943	
	*m*7	27.20	121.501	0.825	0.937	
	*m*8	27.13	119.098	0.849	0.935	
	*m*9	27.08	118.619	0.824	0.937	
	*m*12	27.19	125.985	0.763	0.941	
*mf*2	*m*13	27.83	80.736	0.724	0.885	0.901
	*m*14	27.68	80.797	0.689	0.888	
	*m*15	27.75	80.791	0.684	0.888	
	*m*16	27.70	83.205	0.625	0.894	
	*m*17	27.82	82.692	0.659	0.891	
	*m*18	27.76	81.890	0.706	0.886	
	*m*19	27.71	82.007	0.654	0.891	
	*m*20	27.66	79.092	0.760	0.881	

表 5－13 中对社会资本的信度分析结果显示，测量社会资本的市场性社会资本（*f*1）、政府性社会资本（*f*2）的量表，变量 *f*1、*f*2 的 α 分别为 0.924、0.891，这表明量表的可靠性很高。变量 *f*1、*f*2 的各题项的修正后

总相关性系数（CITC）值都在 0.653 以上，高于 0.35 的可接受水平（Nunnally and Bernstein，1994）；通过对相关变量的题项是否保留进行检验，发现任意一个题项的删除均未有效地提高所测量变量的信度水平，这表明相关变量的测量题项可以保留。

因此，可以认为本次调查所收集的数据是相当可靠的，适合在此基础上进行下一步的假设检验分析与讨论。

表 5－14 中对溢出效应的信度分析结果显示，测量溢出效应的市场能力（*mf*1）、财税优惠（*mf*2）的量表，变量 *mf*1、*mf*2 的 α 分别为 0.946、0.901，这表明量表的可靠性很高。变量 *mf*1、*mf*2 的各题项修正后总相关性系数（CITC）值都在 0.625 以上，高于 0.35 的可接受水平；通过对相关变量的题项是否保留进行检验，发现任意一个题项的删除均未有效地提高所测量变量的信度水平，这表明相关变量的测量题项可以保留。

因此，可以认为本次调查所收集的数据是相当可靠的，适合在此基础上进行下一步的假设检验分析与讨论。

（2）效度分析

一般用来衡量题项对相应变量的有效反映程度，即效度分析，主要从收敛效度（convergent validity）和区别效度（discriminant validity）两个方面测量。由于研究中变量的数量较少，本书只进行收敛效度分析，收敛效度的参考指标及标准见表 5－15。

表 5－15　收敛效度的参考指标及标准

收敛效度	标准
标准化系数	>0.5
组合效度（CR）	>0.8
平均变异萃取量（AVE）	>0.5

从表 5－16 对社会资本变量的效度分析可以看出，变量 *f*1、*f*2 与相关测量题项的标准化系数在 0.703～0.878，变量 *f*1、*f*2 的组合效度分别为

0.930、0.891，变量*f*1、*f*2 的平均变异萃取量分别为 0.691、0.540，因此可以认为模型具有较好的收敛效度。

表 5－16　　　　　　　　社会资本变量的效度分析

变量	题项	非标准系数	标准系数	S. E.	Z 值	CR	AVE
*f*1	*s*8	1.000	0.873	0.016	55.601	0.930	0.691
	*s*9	0.817	0.797	0.022	35.459		
	*s*17	0.934	0.866	0.016	53.017		
	*s*18	1.021	0.878	0.015	57.698		
	*s*19	0.781	0.783	0.024	33.133		
	*s*22	0.755	0.746	0.027	27.887		
*f*2	*s*5	1.000	0.703	0.031	22.459	0.891	0.540
	*s*6	1.007	0.732	0.029	25.151		
	*s*7	0.937	0.707	0.031	22.747		
	*s*11	1.053	0.709	0.031	22.989		
	*s*13	1.044	0.746	0.028	26.675		
	*s*16	1.188	0.821	0.022	37.574		
	*s*21	0.968	0.712	0.031	23.225		

从表 5－17 对溢出效应变量的效度分析可以看出，变量 *mf*1、*mf*2 与相关测量题项的标准化系数在 0.647～0.877，变量 *mf*1、*mf*2 的组合效度分别为 0.947、0.901，变量 *mf*1、*mf*2 的平均变异萃取量分别为 0.693、0.534，因此可以认为模型具有较好的收敛效度。

表 5－17　　　　　　　　溢出效应变量的效度分析

变量	题项	非标准系数	标准系数	S. E.	Z 值	CR	AVE
*mf*1	*m*2	1.000	0.847	0.018	47.997	0.947	0.693
	*m*3	0.855	0.824	0.020	41.819		
	*m*5	0.882	0.833	0.019	43.984		
	*m*6	0.750	0.761	0.025	30.172		
	*m*7	0.885	0.851	0.017	49.229		
	*m*8	0.953	0.877	0.015	59.332		
	*m*9	0.956	0.847	0.018	48.220		
	*m*12	0.764	0.789	0.023	34.592		

续 表

变量	题项	非标准系数	标准系数	S. E.	Z 值	CR	AVE
*mf*2	*m*13	1.000	0.773	0.026	29.795	0.901	0.534
	*m*14	0.979	0.730	0.029	24.828		
	*m*15	0.974	0.721	0.030	23.983		
	*m*16	0.844	0.647	0.036	18.206		
	*m*17	0.883	0.690	0.032	21.244		
	*m*18	0.933	0.743	0.028	26.210		
	*m*19	0.939	0.708	0.031	22.779		
	*m*20	1.090	0.818	0.022	36.922		

5.3.3 结构方程模型

本文的中介效应检验使用的方法：假如我们有三个变量，它们分别是：自变量（X），因变量（Y），中介变量（M）。

第一步，检验自变量对因变量的作用，我们用下面的方程表示：

$$Y = cX + e_1$$

我们首先要做的是对系数 c 进行检验，假如系数 c 不显著，说明不存在中介效应，停止检验；假如系数 c 显著，还不能说明存在中介效应，接着进行下面的步骤：

第二步，对自变量 X 和中介变量 M 之间的回归方程进行检验，也就是用下面的方程来表示：

$$M = aX + e_2$$

假如系数 a 显著，说明 X 确实可以预测 M，但仍然没有说明中介效应的存在。假如系数 a 不显著，那就需要进行 Sobel 检验。在实施 Sobel 检验之前，还需要对中介变量 M 和 Y 之间的关系进行显著性检验。

第三步，要检验 M 和 Y 之间的关系，用下面的方程来表示：

$$Y = c'X + bM + e_3$$

假如系数 a 显著，系数 b 也显著，那么就可以证明中介效应存在；假如系数 a 和 b 中有一个不显著，另一个系数我们无法确定是否显著，则我们需要进行 Sobel 检验。Sobel 检验显著，那么中介效应存在；反之，则不存在中介效应。

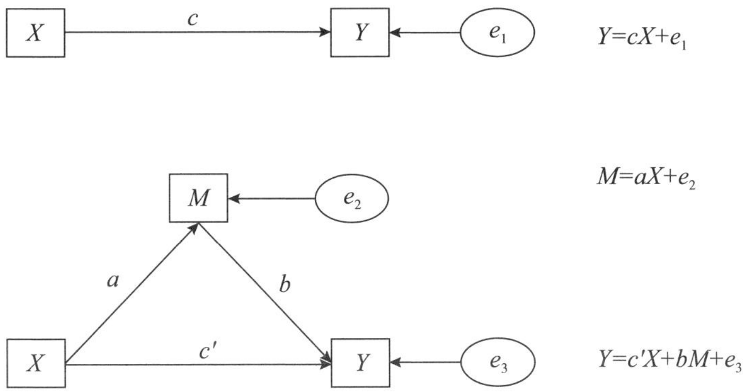

到此为止，完成了中介效应的检验，下面来总结一下整个流程，见图 5－3：

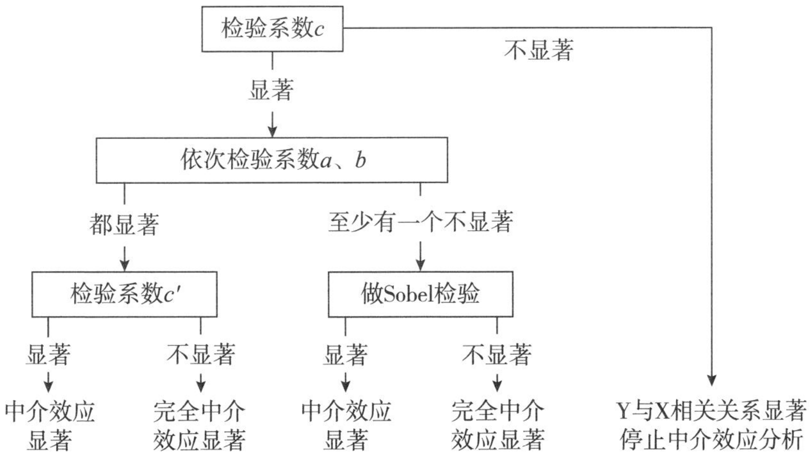

图 5－3　中介效应检验流程

故而，分别对社会资本、溢出效应实施中介效应假设检测。本书使用结构方程检验中介效应。与传统回归分析分三步检验中介效应不同，结构方程分析将上述过程整合到一个路径模型里进行中介效应的检验。

本章选择结构方程模型进行分析，是由于结构方程分析相对于传统回归分析具有以下优势：（1）容许自变量和因变量含测算误差。本书中的社会资本、溢出效应等变量，是由多个指标共同测量完成，一般含有误差，而结构方程分析容许变量含测量误差。（2）估计因子结构和因子关系。结构方程分析过程中，能够同时分析因子与题目之间的关系和因子与因子之间的关系，而传统回归分析则独立进行分析。（3）估计整个模型的拟合度。结构方程分析不但能够估计传统路径分析中单个路径的强弱情况，而且可以计算模型的整体拟合程度，有助于判断模型是否更接近数据呈现的关系。

5.3.3.1 社会资本的中介效应假设检验

通过结构方程模型估算出企业收益率的影响因素模型，估计参数和残差结果如图 5－4 所示，拟合指标如表 5－18 所示。模型的χ^2 为 309.482，χ^2/df＝2.476，在 0.1% 的显著性水平下通过显著性检验。RMSER 为 0.068，小于推荐值 0.08；RMR 为 0.085，大于推荐值 0.05；CFI、TLI 的值分别为 0.937、0.926，均大于推荐值 0.90；BIC 为 15374.633。除了 RMR 指标没有达到要求以外，其他指标均达到要求，表明模型与数据的拟合程度较好。

表 5－18　　　　结构方程模型拟合结果（社会资本）

拟合指标	推荐值	本书研究值
自由度（χ^2）	越小越好	309.482
卡方自由度比（χ^2/df）	<5	2.476
近似的均方根误差（RMSER）	<0.08	0.068
残差均方和平方根（RMR）	>0.05	0.085
比较适配指数（CFI）	>0.90	0.937
增值适配指数（TLI）	>0.90	0.926
信息标准指数（BIC）	越小越好	15374.633

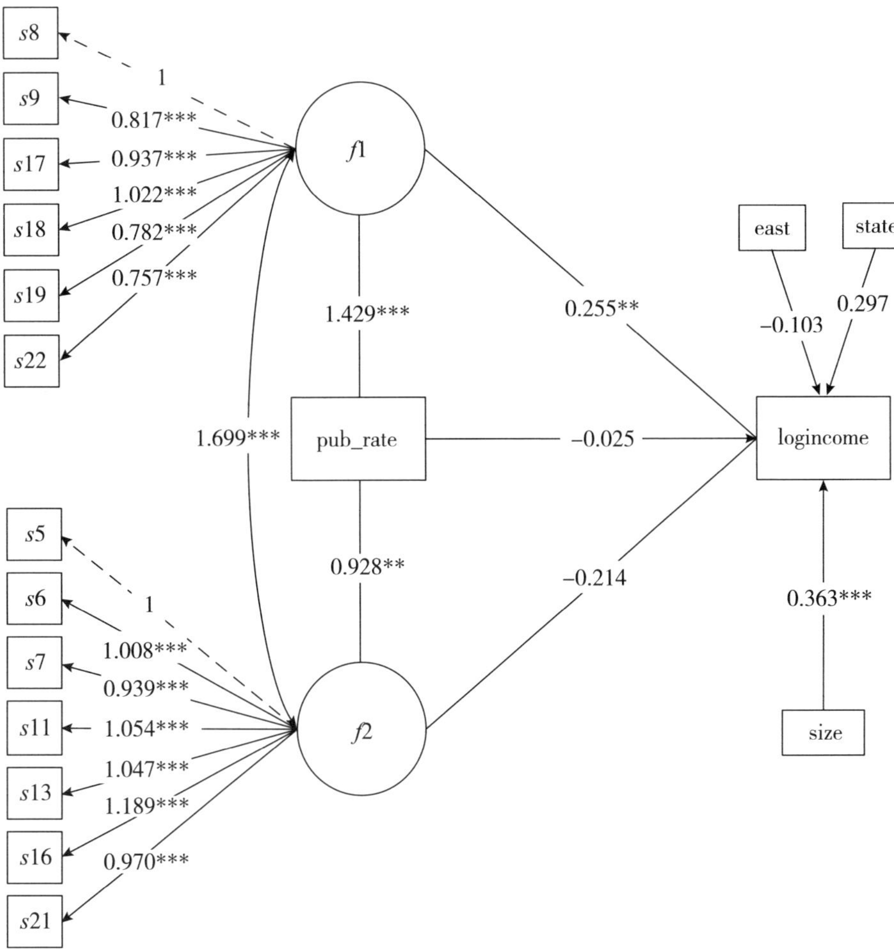

图 5－4　企业收益率影响因素的结构方程模型（社会资本）

表 5－19 报告了市场性社会资本（*f*1）中介作用的检验结果，首先，企业的公共品投资率（pub_rate）对市场性社会资本（*f*1）有显著正向影响。这说明对于投资公共品的企业，其获得的市场性社会资本会随公共品投资率有显著变化。出现这一现象的原因可能是由于企业以各种模式参与公共品供给，企业将公共品供给向市场，进而获得了政府认证。虽然在之后陈述的政府性社会资本（*f*2）中，企业并未从政府方面获得社会资本积累与收益，但该政府认证的行为向信息不对称的市场释放了该企业作为优

质企业的信号，使得市场中的利益相关者向该企业做出了更有利的反应（response），最终致使企业获得更大的收益。因此，在通过政府进行市场信号释放的信号机制中，企业在公共品投资率方面的提高所带来的市场性资本的增加，显著提高了市场对该企业的正向反应，这也就造成了企业的公共品投资率和市场性社会资本之间存在显著关系。

其次，企业的市场性社会资本（$f1$）与企业营业收入（logincome）显著正相关，路径系数为0.255，$p<0.010$。

综上可知，市场性社会资本发挥了中介作用，即企业的公共品投资率对企业营业收入的影响通过市场性社会资本实现，“H7a：市场性社会资本在企业投资公共品与企业整体收益间起正向中介作用”的假设通过了检验。

表5－19报告了政府性社会资本（$f2$）中介作用的检验结果，首先，未发现企业的公共品投资率（pub_rate）对政府性社会资本（$f2$）有显著影响。也就是说，企业能够取得政府性资本不随企业公共品投资率有变化而显著变化。造成这一现象的原因可能是由于中国经济的高速增长且公共行业的稳定性较高使投资者能够获得可靠的投资收益，中国的法律正逐步完善，已经能够按照国际惯例的合同投资方式操作，同时，中国各级政府制定了相应的法规制度，保证企业可以回收成本并有合理利润，保证企业资产的安全性和生产或运营的可持续性，降低融资成本。而在合理收益得到保障的同时，越来越多的企业参与公共品供给，企业在公共品投资率方面可能会越来越高。在企业积极参与公共品供给的情况下，企业在公共品投资率方面的提高所带来的政府性社会资本增长可能不显著，这也就造成了企业的公共品投资率和政府性社会资本之间的关系不显著。其次，企业的政府性社会资本（$f2$）与企业营业收入（logincome）显著负相关，路径系数为－0.214。这说明企业营业收入随着企业的政府性社会资本的增加而显著减少。造成这一现象的原因可能是由于社会资本存在多种形式，仅有一种形式的社会资本增加，其他形式的社会资本不增加，此

种社会资本的收益必然下降。一种社会资本的净收益取决于各种社会资本的平衡。在企业的其他社会资本没有显著增长的情况下，企业政府性社会资本的增长所带来的企业边际收益显著下降，当政府性社会资本的增长超过一定限度，则企业投入超过收益，这就可能造成了企业的政府性社会资本与企业营业收入之间的显著负相关。

表 5－19　　结构方程模型的路径系数分析（社会资本）

	LHS ~ RHS	系数	标准误
社会资本	*f*1 ~ pub_rate	1.429***	0.311
	*f*2 ~ pub_rate	0.928***	0.228
企业年收入（对数）	logincome ~ *f*1	0.255**	0.104
	logincome ~ *f*2	－0.214	0.150
	logincome ~ pub_rate	－0.026	0.276
	logincome ~ east	－0.103	0.184
	logincome ~ size	0.363***	0.065
	logincome ~ state	0.297	0.205
模型参数	AIC	15239.086	
	BIC	15374.633	
	CFI	0.937	
	CHISQ	309.482	
	RMSEA	0.068	
	SRMR	0.085	
	TLI	0.926	
	NOBS	319	

注：*** $p<0.001$；** $p<0.015$；* $p<0.05$；+ $p<0.1$。

综上可知，政府性社会资本没有发挥中介作用，即企业的公共品投资率对企业营业收入的影响没有通过政府性社会资本实现，“H7b：政府性社会资本在企业投资公共品与企业整体收益间起正向中介作用”没有通过检验假设。

5.3.3.2　溢出效应的中介效应假设检验

通过结构方程模型估算出企业收益率的影响因素模型，估计参数和残差结果如图 5－5 所示，拟合指标如表 5－20 所示。模型的χ^2 为 454. 168，χ^2/df =2. 537，在 0. 1% 的显著性水平下通过显著性检验。RMSER 为 0. 069，小于推荐值 0. 08；RMR 为 0. 086，大于推荐值 0. 05；CFI、TLI 的值分别为 0. 926、0. 915，均大于推荐值 0. 90；BIC 为 18185. 877。除了 RMR 指标没有达到要求以外，其他指标均达到要求，表明模型与数据的拟合程度较好。

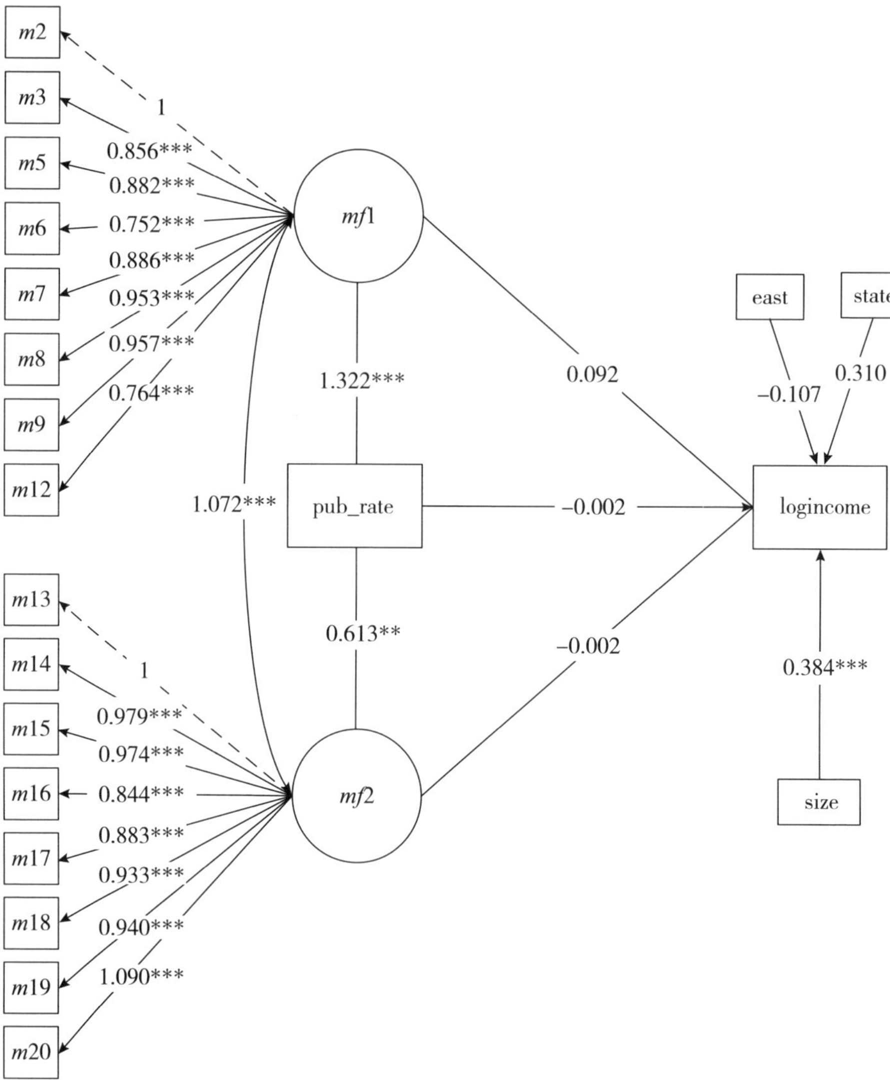

图 5－5　企业收益率影响因素的结构方程模型（溢出效应）

表 5－20　　　　结构方程模型拟合结果（溢出效应）

拟合指标	推荐值	本文研究值
自由度（χ^2）	越小越好	454.168
卡方自由度比（χ^2/df）	<5	2.537
近似的均方根误差（RMSER）	<0.08	0.069
残差均方和平方根（RMR）	>0.05	0.086
比较适配指数（CFI）	>0.90	0.926
增值适配指数（TLI）	>0.90	0.915
信息标准指数（BIC）	越小越好	18185.877

表 5－21 报告了市场能力（*mf*1）中介作用的检验结果，首先，发现企业的公共品投资率（pub_rate）对市场能力（*mf*1）存在接近显著的影响。这说明对于投资公共品的企业，其获得的市场能力随公共品投资率的变化而显著变化。出现这一现象的原因可能是社会主义市场经济体制下政府的财政约束日益增强，政府无法通过直接补贴解决企业收益不足的问题，进而通过“PPP 模式”等形式，分享公共品的一些特许经营权，对企业进行某种特殊“补贴”。企业进行公共品投资使其在某些准公共品的供给中获得了更大的市场优势，而这种市场优势能够进一步发挥企业在投资与运营两个阶段对于信息与风险的协同效应，能够有效提高企业收益与社会福利。这就是企业能够从市场能力的中介效应中获得提高收益的可能性原因。在政府通过公共品进行收益补贴的机制下，企业的公共品投资率的提高所带来的资源增长较显著，这也就造成了企业的公共品投资率和市场能力之间存在显著关系。其次，市场能力（*mf*1）与企业营业收入（logincome）显著正相关，路径系数为 0.092，$p=0.134$。

综上可知，市场能力发挥了中介作用，即企业的公共品投资率对企业营业收入的影响通过市场能力渠道实现，“H8a：市场能力在企业投资公共品与企业整体收益间起正向中介作用”通过了检验假设。

表 5－21 报告了财税优惠（*mf*2）中介作用的检验结果，首先，企业

的公共品投资率（pub_rate）对财税优惠（*mf*2）有正向影响但不显著。也就是说，企业的公共品投资率与企业财税优惠水平不具有显著正相关关系，路径系数为0.611，$p<0.015$。出现这一现象的原因可能是由于中央政府在2002年取消了地方政府自行制定的“先征后返”政策，在一定程度上压缩了税收优惠，减少了社会资本的利用空间。国务院于2014年11月27日下发《国务院关于清理规范税收等优惠政策的通知》（国发〔2014〕62号），2015年5月10日下发的《国务院关于税收等优惠政策相关事项的通知》（国发〔2015〕25号），对税收等优惠政策和制度的相关事项进行了具体明确和健全，地方政府官员向企业提供财政补贴时的自由裁量权变小。在政府税收优惠制度和财政补贴制度不断完善的情况下，企业在公共品投资率方面的提高所带来的财税优惠的增加可能不显著，这也就造成了企业的公共品投资率和财税优惠之间的关系不显著。其次，财税优惠（*mf*2）对企业营业收入（logincome）不具有显著相关性。也就是说，企业营业收入不随企业获得的财税优惠水平变化而显著变化。出现这一现象的原因可能是由于财税优惠只是通过非盈利手段使企业利润增加，但未提升企业的盈利能力，并掩盖企业经营困境，不利于企业及时开展内部治理；财税优惠可能使企业产生依赖，导致企业为追求更多财税优惠而“过度”投资，忽视对经营管理水平的改善。在此背景下，财税优惠的增加所带来的企业营业收入的增加可能不显著，这也就造成了财税优惠和企业营业收入之间的关系不显著。

表5-21　　结构方程模型的路径系数分析（溢出效应）

	LHS ~ RHS	系数	标准误
溢出效应	*mf*1 ~ pub_rate	1.322***	0.302
	*mf*2 ~ pub_rate	0.611**	0.230
企业年收入（对数）	logincome ~ *mf*1	0.092	0.062
	logincome ~ *mf*2	-0.002	0.084

续 表

	LHS ~ RHS	系数	标准误
企业年收入（对数）	logincome ~ pub_rate	-0.002	0.276
	logincome ~ east	-0.107	0.185
	logincome ~ size	0.384***	0.066
	logincome ~ state	0.310	0.206
模型参数	AIC	18027.739	
	BIC	18185.877	
	CFI	0.926	
	CHISQ	454.168	
	RMSEA	0.069	
	SRMR	0.086	
	TLI	0.915	
	NOBS	319	

注：*** $p<0.001$；** $p<0.015$；* $p<0.05$；+ $p<0.1$。

综上可知，财税优惠没有发挥中介作用，即企业的公共品投资率对企业营业收入的影响没有通过财税优惠实现，“H8b：财税优惠在企业投资公共品与企业整体收益间起正向中介作用”没有通过检验假设。

5.4 本章小结

通过对281个样本数据的分析，本书所提出的10个假设的检验结果如表5-22所示。

表5-22 假设检验结果的汇总

假设	结果
H1：企业投资公共品与企业整体收益正相关	通过
H2：企业投资公共品与项目收益正相关	通过
H3：企业的上市属性正向调解企业投资公共品与项目收益之间的关系	通过

续 表

假设	结果
H4：企业的高新技术产业属性正向调解企业投资公共品与项目收益之间的关系	通过
H5：企业的国有属性正向调解企业投资公共品与项目收益之间的关系	通过
H6：企业的房地产（建筑）产业属性负向调解企业投资公共品与项目收益之间的关系	通过
H7a：市场性社会资本在企业投资公共品与企业整体收益间起正向中介作用	通过
H7b：政府性社会资本在企业投资公共品与企业整体收益间起正向中介作用	未通过
H8a：市场能力在企业投资公共品与企业整体收益间起正向中介作用	通过
H8b：财税优惠在企业投资公共品与企业整体收益间起正向中介作用	未通过

因此，中国企业参与公共品供给对企业收益的影响的最终模型如图5－6所示。

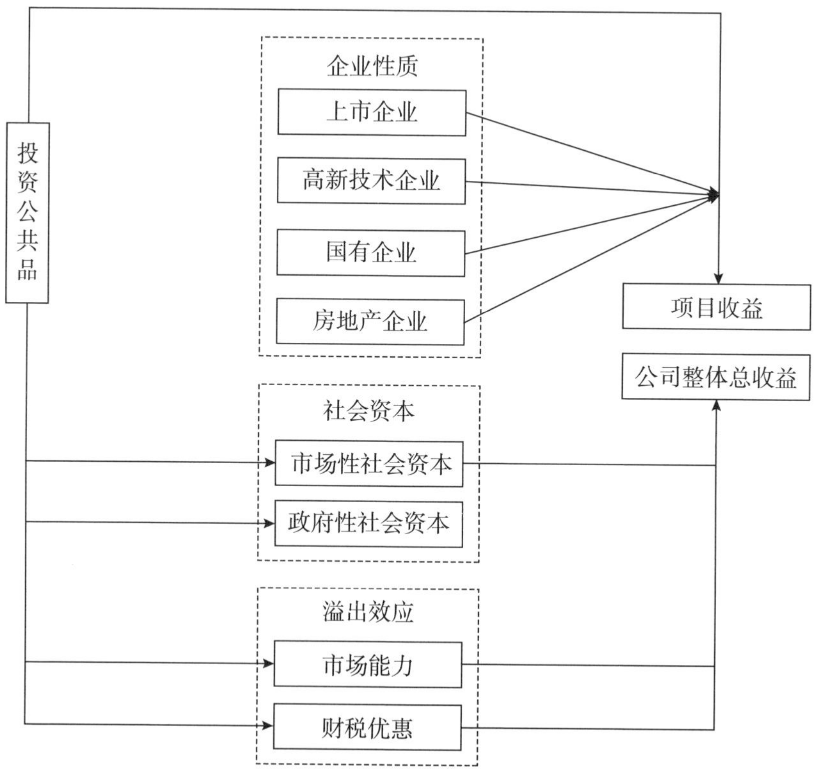

图5－6　中国企业参与公共品供给对企业收益的影响的最终模型

对于社会资本和溢出效应的中介效应出现的现象，即市场性质的社会资本与溢出效应均显著，而政府性质的社会资本与溢出效应均不显著，本书认为主要的原因可能包括：（1）中国的市场化程度已经进入较完善的阶段，并已经在某种程度上实现了政府干预行为的规范化，使得公共品投资只能使企业从市场渠道的中介途径获得相应收益，而不能通过类似欠发达国家中典型的政府专权等渠道中获得收益；（2）在市场化程度稳步提高的情况下，在信息不对称的市场环境中，政府提供的公共品投资机会能够为参与投资的企业提供资质认证的功能，在不提供政府方面的社会资本与财税优惠的情况下，以此向市场发送优质企业的信号，提高市场中其他参与者对优质企业的正向反应，进而提高优质企业的收益与利润；（3）政府不通过财税优惠进行补贴，而是通过特许经营权等形式，向参与公共品投资的企业提供后续与周边产品经营的机会，以此作为补贴，一方面能够减少政府预算软约束的问题，另一方面能够充分利用企业在建设与运营之间、在信息整合和风险规避等方面的协同效应，针对运营需求，提高公共品生产中的生产效率与可操作性，减少生产运营成本，提高社会的整体福利。

总而言之，上述结论通过社会资本与溢出效应的中介效应检验，证明了市场性社会资本与溢出效应的存在，简要说明了中国的市场化程度与社会效率的提高。

6 结论和建议

6.1 主要发现

本书基于社会资本理论、资源论、溢出效应的研究，在私人投资公共品获取收益相关文献梳理与评估的基础上，创新性地引入了“社会资本”和“溢出效应”作为中介变量，提出了社会资本和溢出效应会提高公司整体总收益的研究假设。通过以上的研究工作，得出以下结论：

（1）在当前中国，投资公共品与企业的整体收益显著正相关。

（2）在当前中国，投资公共品与企业的项目收益显著正相关。

（3）相比非上市公司，上市公司投资公共品获得的直接收益更高。

（4）相比一般性企业，高新技术产业投资公共品获得的项目直接收益更高。

（5）相比私营企业，国有企业投资公共品获得的项目直接收益更高。

（6）企业通过投资公共品能够积累市场性社会资本和政府性社会资本，其中市场性社会资本在企业参与公共品供给与企业整体收益之间发挥显著的正向中介作用。

（7）企业通过投资公共品能够积累市场能力和获得财税优惠，其中市场能力在企业参与公共品供给与企业整体收益之间发挥显著的正向中介作用。

（8）在中国，企业投资公共品的收益不仅表现为项目带来的较高的直接收益，而且表现为通过市场性社会资本和市场能力带来的长期收益。

6.2 创新与贡献

本书以研究私人企业投资公共品获取收益的机制为研究出发点，提出了以社会资本和溢出效应为中介变量的研究模型，基于现有的理论分析和实证研究，在以下几个方面尝试创新并提出相关理论：

（1）本研究丰富了企业投资公共品对企业绩效影响内在机理方面的研究

在现有研究中，鲜有关注企业参与公共品供给的项目直接收益。本书从直接收益和间接收益两个方面，深入分析企业参与公共品供给对企业绩效的影响，提出企业投资公共品双路径收益模型，丰富了两者之间作用机理方面的内容。

随着中国经济的快速发展，中国企业由过去追求扩张阶段转向承担更多的社会责任，参与公共品供给是企业履行社会责任最为重要的手段之一。同时，由于中国的经济发展模式和所处的发展阶段，使得中国企业公共品的投资可以获得较高的项目收益。中国政治治理模式与西方不同，中国政府在财政预算上具有更大的权力，受到的限制较少，同时，中国的经济是公私混合型经济体，且以公有经济为主体，显示政府在资源配置中具有举足轻重的作用，政府有足够能力推动私营企业参与公共品供给；中国市场经济尚处于发展的初期阶段，公共品的投资建设相对滞后，社会对公共品的建设需求巨大。政府希望通过大规模的公共品投资，比如道路建设、福利机构等，推动经济的发展，政府有足够动力推动私营企业参与公共品供给。综上可知，中国的公共品建设项目多，资金充裕，企业参与公共品的投资可以获得较高的项目收益。

鉴于上述分析可知，中国私人资本参与公共品供给的主要动机可能是获得不亚于投资非公共品的直接收益。然而，根据西方社会责任理论可知，企业参与公共品供给有助于企业获得社会资本，是一种间接收益、潜在收益、长期收益。显然，西方社会责任理论中强调间接收益的逻辑与中国私人资本参与公共品投资可以获取直接项目收益并不符合。以中国为首的发展中国家中，诸如越南、古巴、俄罗斯等国也存在类似的情况。因此，对于既有的西方社会责任理论进行丰富，有助于对发展中国家私人资本参与公共品供给的现象提供合理的解释。

基于上述分析，本书扩展了公共品项目收益的概念，将公共品投资收益分为以项目收益为主的直接收益和以积累社会资本、溢出效应的间接收益，创造性提出公共品投资收益的双路径模型。利用双路径模型，本书实证检验了中国企业投资公共品与企业绩效之间的关系，发现当前中国公共品投资收益以直接收益为主，间接收益还不明显。这既扩展了公共品投资收益理论，也为公共品投资补充了中国案例，为全世界公共品投资理论和实践提供了更好的理论和中国经验。

（2）创新性地尝试引入“社会资本”和“溢出效应”作为中介变量

已有理论显示，私营企业参与公共品供给不仅是企业隐性的道德追求和实践转化，而且有助于企业获得无形资源，而无形资源既可以调解增加产品需求，也可以降低产品成本，产品包括企业提供的公共品和其他产品，进而影响企业的长期收益。本书根据作用对象的不同，将无形资源划分为社会资本、溢出效应。因此，本书尝试从社会资本、溢出效应视角来挖掘企业参与公共品供给影响企业绩效的内在机制，为进一步深化认识企业参与公共品供给影响企业绩效提供不同的观察视角。

在项目本身创造直接性收益的路径上，结合中国特殊发展的客观国情，创造性地提出了四个调节变量——上市属性、高新技术属性、国有属性、房地产属性。这四个变量分别从管理规范性、发展前瞻性、资本规模与公共品最密切的上下游产业链的维度，评估企业投资公共品对直接性收益的影响；另外，这四个调节变量也体现了企业固有的价值性、唯一性、无法复制性的禀赋要素，成为塑造企业竞争优势资源的来源之一。

关于企业参与公共品供给对企业业绩与企业价值的作用，已有学者进行了非常深入的探索，但目前大部分研究是通过政企关系的中介作用来建立两者桥梁的作用。原因是，目前中国处于经济转型期，政府主导的经济体制容易使企业更容易受到政府影响，同时，企业经济目标的实现与否更多地取决于政府。事实上，除政府以外，其他非政府组织以及供应商、顾客、合作伙伴等也对企业经济目标的实现产生较大影响。由此可见，仅就政企关系对企业绩效影响展开分析而忽视其他利益相关方，这显然不利于体现在整个社会生态大环境中企业与其他利益相关者相互依存，更不利于体现公共品的关键特征。针对于此，本书从政府、市场两个角度研究社会资本、溢出效应与企业绩效的关系，揭示社会资本、溢出效应是通过何种路径传导至公司价值。

基于“社会资本”和“溢出效应”提出了相关研究假设，但假设并未通过检验——企业的市场性社会资本与企业营业收入显著正相关，企业的政府性社会资本与企业营业收入显著负相关；企业的市场能力与企业营业收入显著正相关，企业获得的财税优惠与企业营业收入不具有显著相关性。

（3）结合企业绩效实际情况，创新评价指标体系

依托较为成熟的“社会资本”和“溢出效应”理论，结合中国现阶段的客观现实，充分借鉴目前中国企业广泛使用的企业 KPI 绩效评价模型，设计出两组中介变量。

中介变量一：社会资本

由于社会资本具有的外部非交易性和内部禀赋在某个阶段的相对固化属性，所以本书设计了源自公平竞争的市场性社会资本指标 $f1$，和体现政府资源分配的政府性社会资本指标 $f2$，共两套平行的指标测量企业社会资

本的中介效应。传统的社会资本从信任、网络、规范三个维度，笔者参考和借鉴了其他文献中的里克特量表内容设计了 22 个题项。在数据分析阶段，我们结合中国国情和探索性因子分析拟合结果，最终选择了 13 个有效指标测量社会资本，社会资本分为与市场相关的社会资本因子和与政府相关的政治关联因子。

中介变量二：溢出效应

因为本书重点考量企业的经济溢出效应，大量的相关文献指出，经济溢出效应主要体现在便于企业整合产业链上下游资源、贡献的社会福利提高了提高知名度、塑造“合金文化”强化了团队凝聚力、有更大的可能性获得政府财税优惠等方面，在充分地借鉴里克特量表的基础上，从价值链整合、市场新机会、财税优惠三个视角整理了 20 个题项。在数据分析阶段，我们结合中国国情和探索性因子分析拟合结果，最终选择了 16 个有效指标测量 $m2$ 溢出效应，并从中得出市场能力和财税优惠 2 个因子测量 $m2$ 溢出效应。

在本书中，笔者为了研究创新性地设计了市场和政府两个维度的综合指标体系进行测量。从数据分析的结果所显示，带有创新性的、公平交易的市场性指标——市场性社会资本、市场能力，都会对企业的收益产生正向影响。而代表传统计划性经济、具有强烈资源配置属性的指标——政府性社会资本、财税优惠，对企业收益的正向影响大幅减弱。两个维度同步测量，使本书的指标评价体系更有效。因为企业竞争优势受太多因素影响，而我们要研究的是社会资本、溢出效应如何强化企业竞争优势，在经济模式的转型期，“政府—市场”两套指标的设计，覆盖面更广，针对性更强，故而测量得更准。另外，对于相同的自变量而言，表明市场型经营性指标因变量的相关性更加明显，能够更精确地证明市场型因素对竞争优势的影响。

对中介变量设计市场和政府两套指标体系，是本书的重大创新和成就。在本书中，我们始终使用两套指标的测量，除了比较谁更合适，也是一种稳健性检验。因为从不同的视角入手，得到不同的结论，可以有理由乐观性地预见，企业投资公共品，随着经济转型的深入，社会资本和溢出效应的中介效应会逐步凸显。

（4）创新地将管理学和经济学理论结合分析问题

鉴于无法依靠纯粹的财务投资模型评估私人资本投资公共品的困扰，和现实中根据个人经验私人投资公共品获利的案例，笔者首先假设投资公共品的行为使企业内部管理的要素——技术研发、市场拓展、人力统筹、品牌商誉等方面得到了提升，而这些方面是企业管理学重点关注的问题。另外，企业家始终在投资产生的即时性收益，和未来潜在性收益的比例之间彷徨。在做出投资决策时，企业家最渴望拿到对未来收益的财务测算，这个诉求属于经济学研究范畴。所以笔者在文献整理阶段，锁定了属于管理学范畴的过程论、资源论。同步，也研究了属于经济学范畴的溢出效应，列举了财务和非财务的投资分析模型。在分析公共品投资获取收益的机制中，围绕中介变量提出了两路径模型：路径一，借助管理学的过程论和资源论，创新性地提出了社会资本作为中介变量。路径二，偏重依据经济学的溢出效应，论述企业管理内生资源的特性，将管理绩效工具 KPI 与财务指标结合，提炼出表明企业竞争优势的 20 种经营性要素。

实证检验的结果显示，表示管理学的外部支持性指标和表示经济学的内部经营性指标，都部分验证了假设的正确性，也表明了管理学与经济学结合分析私人投资公共品获取隐性收益的创新性、合理性。

6.3 政策意义

（1）保障公共品投资的适当收益，促进企业参与公共品投资，尤其是私营企业

Sehwartz、Carroll 认为企业承担社会责任的基本动因主要包括经济、

制度和道德，而这三种动因之间并不是孤立，相互组合可产生多种动因。在现实中，企业纯粹出于道德动因来参与公共品供给是很少的，即使有些企业出于道德动因参与公共品供给，但其往往是为了追求长期的经济利益（Sehwartz and Carroll，2003）。本书的研究发现，中国企业参与公共品供给背后具有追求经济收益的动机，但是这一发现是对当前中国企业参与公共品供给行为的客观反映。我们应当承认，企业参与公共品供给本身是值得肯定的。在现有制度环境下，中国企业参与公共品供给只是一种理性选择，可能存在承担社会责任之外的其他考虑。

已有研究表明，官员更替对于经济体的政策选择产生显著影响，且在缺乏权力约束的经济体中的作用更大。就中国而言，全国党代会和政府换届对于经济增长产生周期性影响，地方政府在区域经济中扮演着更为直接和重要的角色。相对于中央政府官员而言，地方重要官员的更替更为灵活多样。一般情况下，地方重要官员由中央直接任命，原因可能是中央的提拔、降职、退休、交流、任期等制度规定也引起官员更替，由此可见，官员更替更像是一种常态。这种政治权力转移导致经济政策的不确定，给民营部门带来成本的增加，往往导致私营企业不愿做出长期的战略性承诺。由此可见，政府应该遵循市场规则，减少不必要的干预。

遵循市场规则，就必须弱化政府的作用。弱化政府的作用，并不是否定政府的管理，而是寻找政府促进市场规则的形成与政府替代市场规则之间新的平衡。当政府减少对企业参与公共品供给的直接影响时，有助于市场机制的建立。有效市场机制可以对资源配置进行优化，企业可以通过发达的市场获取生产要素。随着经济的不断发展，资源越来越稀缺，各种设施将逐渐拥挤，同时，各种计量技术不断创新，基础设施以及公共服务的竞争性和排他性越来越显著，市场机制发挥作用的空间逐渐扩大。在此背景下，通过各种方式投资建设和经营公共项目，充分发挥市场机制的作用，完善各种经营制度，以合同契约明确政府与企业的权责和义务，不但保证经营者的合理权益，而且保证公共品普遍有效供给。

（2）给私人企业投资公共品同等的待遇

中国政府对于企业参与公共品供给的认识在理念上存在问题，主要表现在重视私人资本的进入，而轻视竞争。虽然各级地方政府考核指标不断完善，但GDP仍然是主要考核指标，因此，各级地方政府有足够动力追求经济目标。在强烈的经济目标驱动下，各级地方政府把解决财政投资不足放在首位，而忽视竞争机制的作用。虽然中央和地方政府在政策上重申行业开放，让市场竞争机制发挥优化资源配置，鼓励民营资本投资基础设施和公用事业，以期改善公众福利，提高效率。但在实际操作过程中，在市场准入和市场竞争方面，政府对不同所有制企业实行差别待遇，其中，给予国有企业、外资“超国民待遇”，对于私营企业往往设置诸多隐性障碍，导致私营企业难以公平地参与竞争。

政府应根据实际情况制定发展战略，打破行业垄断，为民营经济进入创制政策环境和市场空间，切实执行国家相关政策，彻底打破非国有资本投资的所有制禁区和行业壁垒，最大限度地开放公共品投资市场，放宽私营企业投资准入领域，完全消除非国有企业进入基础设施领域诸多障碍。除有特殊规定外，允许外商投资企业和国有经济进入的领域，政府应当给予私营企业同等待遇。具体而言，政府鼓励私营企业进入基础设施建设领域的政策要具体化，并具有可操作性；对私营企业参与基础设施建设，只要符合相关规定，管理部门就可依法办理有关准入手续，并实行审批公示制和承诺制，做到透明化和公开化。此外，政府应借鉴国外公共品市场化的改革经验，积极拓宽公共品市场化的范围，加快研究社会资本进入相关领域的有关政策，同时对私营企业进入进行鼓励和引导。

（3）坚持市场的平等性，保障中小企业投资公共品的公平机会

由于公共品建设特别是基础设施建设具有投资大、周期长的特点，且对资金实力、融资能力要求高，同时受到项目资本金、融资能力的限制，

一大批中小企业被阻挡在参与公共品供给门外。就中国而言，目前已经落地实施的“PPP”项目，大部分落户在央企、国企及上市公司，民营企业、中小企业难有参与机会，在一定程度上反映了企业参与公共品供给的准入门槛过高。国务院在《关于鼓励和引导民间投资健康发展的若干意见》中指出，鼓励和引导民间资本进入基础产业和基础设施领域，表明民营企业、中小企业都应该参与公共品供给。

为了保障中小企业有参与公共品供给的机会，扩大公共品供给的市场参与主体，让民营企业、中小企业也参与到公共品供给中，政府应制定统一、公开、透明的公共品供给市场准入标准，为社会资本参与公共品供给创造平等条件，并降低参与公共品供给企业的资格要求和业绩要求。特别是资格要求，政府应降低对企业的注册资本、总资产、净资产、银行授信、银行存款的要求。因为企业全部实力并不是注册资本所能完全代表的，企业的注册资本与企业的经济实力、融资能力、人才队伍、技术水平并不一定严格正相关，若以注册资本不够条件为由，一批优秀公司将被挡在公共品供给之外。

事实上，公平不等于平均，形式公平是一种低层次有害的公平。在中国，由于形式公平所导致的无效率现象普遍存在于各行各业。因此，政府制定公共品供给市场准入标准时，应以“效率优先兼顾社会公平”，实现实质公平而避免形式公平。保障中小企业投资公共品的公平机会的同时，兼顾社会效率。

（4）建立健全社会信用机制，推动企业投资公共品积累社会资本和M2溢出效应，实现企业投资公共品长期收益的获得

中国的企业参与公共品供给尚处于初期阶段，参与公共品供给的主要动力来自短期收益。中国企业尚未对参与公共品供给可能带来的竞争力提升和品牌形象塑造等方面的明显或潜在效益形成全面和正确的认识。从战略层面来看，如果企业把参与公共品供给与企业经营结合起来，将有助于

寻找到能为企业和社会创造共享价值的机会，实现社会公益与企业利益双赢的局面。就企业而言，利益最大化是其首要目标，短期收益无法长久地支撑其参与公共品供给，树立与维护良好的公共形象。一旦企业真正认识到参与公共品供给有助于树立企业社会形象、赢得品牌声誉、提升经营绩效时，企业才有内生动力积极地、可持续地参与公共品供给。

建立健全社会信用机制，有助于企业通过投资公共品获得良好声誉，实现社会资本积累，产生溢出效应，有利于企业实现投资公共品的长期收益。企业参与公共品供给的行为影响着众多的利益相关者，这些利益相关者除了企业内部的员工和股东以外，也包括企业外部的消费者、供应商、竞争者、合作伙伴，以及政府、非政府组织和社区。企业参与公共品供给使这些利益相关者获得了不同程度的受益，因而会对企业的社会信用产生正向的积极影响，使得企业初始的社会信用存量在此过程中得到增值，形成新的社会信用存量，即完成了社会信用资本化的过程。这将对企业的经济观产生深远影响，一方面，高水平的企业社会信用可以决定高质量的合作伙伴，使企业合作伙伴的价值得到提升；另一方面，有助于企业吸引高价值的顾客，使企业顾客的价值得到提升。此外，也有助于增强企业内部的员工和股东对企业的组织情感承诺，提升企业价值。这三种价值不是孤立的，而是交互影响的，共同确立了企业的经济观。基于上述分析可知，企业的责任观和经济观是统一的，企业的责任观可以通过作用于利益相关者来提升其社会信用，进一步正向促进企业经济价值的实现；企业经济实力的增强有助于其将更多资源投入到社会责任活动中，进而实现长期的、可持续的增值循环链条。

6.4 研究局限与未来展望

自2008年经济危机爆发后，欧美消费需求大幅降低，中国作为世界工厂为了应对外部需求的降低，开始将消费人群瞄准国内，相对落后的基础设施，特别是关系民生的公共服务配套设施成为政府投资重点，为此政府专门出台了4万亿元人民币的引导性投资，提出“PPP”“BT”“BOT”等模式，鼓励私人资本投资公共品。

在此大背景下，私人资本投资公共品与企业绩效的关系研究，公共品投资评价财务模型的合理化研究，都成为理论研究者和实务操作人员关注的热点问题。本书基于企业投资的视角，引入社会资本理论、过程论、资源观理论、溢出效应，丰富了对投资公共品所积累政府和市场资源转化路径的分析，并由此提出了外部资源提升企业收益的双路径机制，虽然最后的实证数据并没有验证社会资本和溢出效应作为中介变量，可以提升企业的整体收益，但是通过参与公共品投资，可以积累企业的市场性社会资本，提高企业市场拓展能力，进而提高企业整体收益的假设得到了验证。笔者大胆地推测，在中国经济模式市场化的进程中，计划经济体制的后遗症——依靠违法寻租手段积累的非良性关系资本、缺乏监管的政府公权力肆意分配有限的公共资源、财税优惠政策的不透明性等劣迹，正在逐步被规范的市场化操作所取代。与宏观领域经济体制“纳新去旧”相伴随，在政府加大基础设施投资刺激经济增长的战略大背景下，微观领域企业纷纷转战公共服务的“蓝海”。不可否认，过往三十余年，经济发展围绕生产制造开展，大量的基础设施为生产企业服务。自2008年后，政府经济发展的推动力为家庭和个人消费，在商品过剩的情况下，面对“C端”的公共服务短板成为投资的新契机。

正是在这样的背景下，企业都在关注并希望参与公共品投资，而且在前期的“还旧账阶段”，为了快速产生标杆效应，公共品项目可以产生正向收益（往往是政府补贴），这种收益甚至接近或高于商业化项目的收益。可以预测，随着公共服务质量的提升，市场的竞争势必会凸显公共品的社会福利属性，即慈善性、普惠性、极低利润率。

在市场充分竞争条件下，私人企业投资公共品的收益来源将会使企业积累更多的社会资本，通过溢出效应，提高企业的整体总收益的闭环模式。为了更准确地评估企业绩效的变化，虽然本书创新性地提出了双路径评价指标，但是本次实证数据并没有验证先前提出假设的正确性，除了经济发展阶段制约的客观因素外，在研究过程中仍然存在一些不完善之处，需要在未来由学者们共同完善和深化。

6.4.1 研究局限

尽管本书在企业参与公共品供给研究方面做出了一定的努力，但是由于此项研究是一个复杂的系统工程，加上本人能力和精力所限以及收集资料的艰难，本书仍然存在不足之处，主要体现在以下三个方面。

（1）仅仅从企业自身对私人资本投资公共品的隐性回报机制进行分析。在本书的假设分析中，为了简化研究条件，笔者假设企业投资公共品时，企业面临的外部条件是一致的。在实际客观条件下，嫁接在企业的政府资源、政府的宏观政策、政府官员手中的自由裁量权等因素，都会影响社会资本的产生、数量和质量，影响溢出效应。本书作为探索性的研究，先从简单条件入手，没有考虑复杂的外部条件对企业获得收益的影响。

（2）本研究对企业参与公共品供给对企业收益的影响机理剖析，主要采用了构造理论模型并同步实证检验的方法。这一验证主要根植于调研数据的检验，欠缺相关案例解析。从理论来看，大样本统计验证在检验理论模型的合理性方面效果显著，但对于数据的依赖程度较高，导致研究结论的可信度下降。未来的研究可以增加案例分析，通过选择差异性较大的企业，深度解析它们参与公共品供给收益方面的不同表现，剖析企业公共品投资对企业绩效的影响作用大小与影响路径。

（3）样本和数据的局限性。出于数据可获得性考虑，本研究所涉及的样本是采用方便抽样的方式，而不是采用更合理的随机抽样法，这对于本研究样本的代表性和实证结果的可靠性可能造成在一定程度的影响。未来研究在样本选取方面可以采取随机抽样方式，有助于增强样本的代表性和包容性。而且样本中大中型企业所占比较高，导致样本不可避免地具有资产规模的特征和局限。未来可以对不同资产规模的企业进行分析和比较，以使得研究结论具有更高的适应性。

6.4.2 研究展望

（1）进一步扩大调查样本的规模，细分样本行业类型，针对不同行业进行研究，并加以对比分析。本书考虑到样本的可获得性，以及样本企业参与公共品供给的相似性，未对样本企业进行行业限制。这一做法可能使研究的结论更具有一般性，同时也可能对研究结论对不同行业的适应性造成限制。未来研究可以扩大样本量，对不同行业的企业参与公共品供给的动机进行归纳分析，以便较为全面揭示行业特性对于企业参与公共品供给的影响；进一步针对不同行业的企业参与公共品供给对收益的影响，并加以比较，以便较为全面、深入地揭示企业参与公共品供给对企业绩效的影响，更好地认识企业参与公共品供给作用于企业收益中的行业差异。

（2）进行跟踪调查，延长样本的时间跨度。笔者认为每一企业的社会资本存量都是长期累积的结果。社会资本对于企业短期财务绩效未产生较大的积极影响，但其对企业的长期财务优势有显著提升。从样本的时间跨度来看，时间跨度长的样本可能比时间跨度短的样本更能准确反映出企业参与公共品供给与社会资本之间的关系，更能清晰展现出社会资本对企业绩效的影响是一个缓慢释放的过程。本研究考虑到数据分析的可获得性，选择的时间跨度相对较短。在未来的研究中可以进行定点观察，延长样本的时间跨度，以便更好得出企业参与公共品供给对企业收益的影响和作用。

（3）加强参与公共品供给过程的动态研究。已有的文献多数是以静态的研究对象为样本，如所有参与公共品供给的企业、未参与公共品供给的企业，这类研究只能反映企业既定行为下收益的影响。在下一步的研究中，可以考虑以未参与公共品供给转为参与公共品供给的企业或者参与公共品供给转为不再参与公共品供给的企业为研究对象，以深入探讨相关概念之间的影响关系，提高研究结论的说服力。在这个动态过程中，考察参与公共品供给对企业社会资本，以及社会资本、溢出效应对企业收益产生的影响。

受限于本人的学术水平及研究能力，所以本书只是一个初步尝试，毋庸置疑会存在诸多不足及局限，谨希望有更多对该领域感兴趣的学者，丰富并完善私人资本参与公共品投资获取收益等衍生问题的研究。

参考文献

[1] ACQUAAH, APPIAH – NKRUMAH. Firm – specific managerial experience and the social capital – performance relationship in a Sub – Saharan African transition economy [J]. Journal of African Business, 2011, 12 (1): 8 –30.

[2] ADHIKARI, DERASHID, ZHANG. Public policy, political connections, and effective tax rates: longitudinal evidence from Malaysia [J]. Journal of Accounting and Public Policy, 2006, 25 (5): 574 –595.

[3] AHUJA. Collaboration networks, structural holes, and innovation: a longitudinal study [J]. Administrative Science Quarterly, 2000, 45 (3): 425 –455.

[4] ALBINGER, FREEMAN. Corporate social performance and attractiveness as an employer to different job seeking populations [J]. Journal of Business Ethics, 2000, 28 (3): 243 –253.

[5] AUPPERLE, CARROLL ARCHIE, HATFIELD. An empirical examination of the relationship between corporate social responsibility and profitability [J]. The Academy of Management Journal, 1985, 28 (2): 446 –463.

[6] BAKER. Market networks and corporate behavior [J]. American Journal of Sociology, 1990, 96 (3): 589 –625.

[7] BARNEY, HANSEN. Trustworthiness as a source of competitive advantage [J]. Strategic Management Journal, 1994, 15 (1): 175 –190.

[8] BATJARGAL. Social capital and entrepreneurial performance in Russia: A longitudinal study [J]. Organization Studies, 2003, 24 (4): 535 – 556.

[9] BAUM, ROWLEY. Companion to organizations: an introduction [J]. Business, 2002.

[10] BELLIVEAU, O'REILLY, WADE. Social capital at the top: effects of social similarity and status on CEO compensation [J]. The Academy of Management Journal, 1996, 39 (6): 1568 – 1593.

[11] BERENS, RIEL, BRUGGEN. Corporate associations and consumer product responses: the moderating role of corporate brand dominance [J]. Journal of Marketing, 2005, 69 (3): 35 – 48.

[12] BHATTACHARYA, SEN. Doing better at doing good: when, why, and how consumers respond to corporate social initiatives [J]. California Management Review, 2004, 47 (1): 9 – 24.

[13] BOURDIEU. The forms of capital [J]. Handbook of Theory and Research for the Sociology of Education, 1986: 241 – 258.

[14] BOZEC, LAURIN. Large shareholder entrenchment and performance: empirical evidence from Canada [J]. Journal of Business Finance & Accounting, 2008, 35 (1 – 2): 25 – 49.

[15] BRAGDON, MARLIN. Is pollution profitable? [J]. Risk Management, 1972, 19 (4): 9 – 18.

[16] BRAMMER, BROOKS, PAVELIN. Corporate social performance and stock returns: UK evidence from disaggregate measures [J]. Financial Management, 2006, 35 (3): 97 – 116.

[17] BRAMMER, MILLINGTON. Does it pay to be different? An analysis of the relationship between corporate social and financial performance [J]. Strategic Management Journal, 2008, 29 (12): 1325 – 1343.

[18] BRINE, BROWN, HACKETT. Corporate social responsibility and financial performance in the Australian context [J]. Economic Round up, 2007, 2: 47-58.

[19] BROWN, DACIN. The company and the product: corporate associations and consumer product responses [J]. Journal of Marketing, 1997, 61 (1) 68-84.

[20] BUCHANAN. An economic theory of clubs [J]. Economica, 1965, 32 (125): 1-14.

[21] BURT. Structural holes: the social structure of competition [J]. 1992.

[22] BURT. The network structure of social capital [J]. Research in Organizational Behavior, 2000, 22: 345-423.

[23] BURT. Structural holes: The social structure of competition [M]. Cambridge, Mass: Harvard University Press, 2009.

[24] CARRIGAN, ATTALLA. The myth of the ethical consumer - do ethics matter in purchase behaviour? [J]. Journal of Consumer Marketing, 2001, 18 (7): 560-578.

[25] CARROLL, SHABANA. The business case for corporate social responsibility: a review of concepts, research and practice [J]. International Journal of Management Reviews, 2010, 12 (1): 85-105.

[26] CHATTERJI, FABRIZIO. How do product users influence corporate invention? [J]. Organization Science, 2012, 23 (4): 971-987.

[27] CHENG, IOANNOU, SERAFEIM. Corporate social responsibility and access to finance [J]. Strategic Management Journal, 2011, 35 (1): 1-43.

[28] CHILD, TSE. China's transition and its implications for international business [J]. Journal of International Business Studies, 2001, 32 (1): 5-21.

[29] CHISHOLM, NIELSEN. Social capital and the resource – based view of the firm [J]. International Studies of Management & Organization, 2009, 39 (2): 7 –32.

[30] CHOONG, et al. Private capital flows, stock market and economic growth in developed and developing countries: a comparative analysis [J]. Japan and the World Economy, 2010, 22 (2): 107 –117.

[31] CLAESSENS, FAN. Corporate governance in Asia: a survey [J]. International Review of Finance, 2002, 3 (2) : 71 –103.

[32] COLEMAN. Social capital in the creation of human capital [J]. American Journal of Sociology, 1988, 94: 95 –120.

[33] COLEMAN. Foundations of social theory [M]. Cambridge, Mass: Belknap Press of Harvard University Press, 1990.

[34] COOKE, CLIFTON. Social capital and small and medium enterprise performance in the United Kingdom [J]. Entrepreneurship in the modern space – economy: evolutionary and policy perspectives, 2002: 482.

[35] CORNELL, SHAPIRO. Corporate stakeholders and corporate finance [J]. Financial Management, 1987, 16 (1): 5 –14.

[36] CUBBIN, DOMBERGER, MEADOWCROFT. Competitive tendering and refuse collection: identifying the sources of efficiency gains [J]. Fiscal Studies, 1987, 8 (3): 49 –58.

[37] DACIN, OLIVER, ROY. The legitimacy of strategic alliances: an institutional perspective [J]. Strategic Management Journal, 2007, 28 (2): 169 –187.

[38] DENG, KANG, LOW. Corporate social responsibility and stakeholder value maximization: evidence from mergers [J]. Journal of Financial Economics, 2013, 110 (1): 87 –109.

[39] DI GIULI, KOSTOVETSKY. Are red or blue companies more likely to go green? politics and corporate social responsibility [J]. Journal of Financial Economics, 2014, 111 (1): 158 – 180.

[40] DONALDSON. Making stakeholder theory whole [J]. The Academy of Management Review, 1999, 24 (2): 237 – 241.

[41] DONEY, CANNON. An examination of the nature of trust in buyer – seller relationships [J]. Journal of Marketing, 1997, 61 (2): 35 – 51.

[42] DOUGHERTY. Public goods theory from eighteenth century political philosophy to twentieth century economics [J]. Public Choice, 2003, 117 (3 – 4): 239 – 253.

[43] DOWNER, PORTER. Tate's Cairn Tunnel, Hong Kong: South East Asia's longest road tunnel [C]. National Academies, 1992, 16 (7): 153 – 165.

[44] DU, BHATTACHARYA, SEN. Reaping relational rewards from corporate social responsibility: The role of competitive positioning [J]. International of Research in Marketing, 2007, 24 (3): 224 – 241.

[45] DURLAUF, FAFCHAMPS. Empirical studies of social capital: a critical survey [J]. Economics, 2003.

[46] EPSTEIN, ROY. Sustainability in action: identifying and measuring the key performance drivers [J]. Long Range Planning, 2001, 34 (5): 585 – 604.

[47] ESTACHE, ROSSI. How different is the efficiency of public and private water companies in Asia? [J]. The World Bank Economic Review, 2002, 16 (1): 139 – 148.

[48] FACCIO. Politically – connected firms: can they squeeze the state? [J]. SSRN Electronic Journal, 2002.

[49] FACCIO, MASULIS, MCCONNELL. Political connections and corporate

bailouts [J]. The Journal of Finance, 2006, 61 (6): 2597 -2635.

[50] FAN. Questioning guanxi: definition, classification and implications [J]. International Business Review, 2002, 11 (5): 543 -561.

[51] FLAMMER. Corporate social responsibility and shareholder reaction: the environmental awareness of investors [J]. The Academy of Management Journal, 2012, 56 (3): 758 -781.

[52] FLORIN, LUBATKIN, SCHULZE. A social capital model of high - growth ventures [J]. The Academy of Management Journal, 2003, 46 (3): 374 -384.

[53] FOLEY, EDWARDS. Is it time to disinvest in social capital? [J]. Journal of Public Policy, 1999, 19 (2): 141 -173.

[54] FOMBRUN, SHANLEY. What's in a name? reputation building and corporate strategy [J]. The Academy of Management Journal, 1990, 33 (2): 233 -258.

[55] FROOMAN. Socially irresponsible and illegal behavior and shareholder wealth: a meta - analysis of event studies [J]. Business & Society, 1997, 36 (3): 221 -249.

[56] FUKUYAMA. Social capital and the modern capitalist economy: creating a high trust workplace [J]. Stern Business Magazine, 1997, 4 (1): 1 -16.

[57] GABBAY, LEENDERS. CSC: The structure of advantage and disadvantage [M]. Corporate Social Capital and Liability, 1999: 1 -14.

[58] GARGOURI, FRANCOEUR, BELLAVANCE. Causality between corporate social performance and financial performance: evidence from Canadian firms [J]. Journal of Business Ethics, 2009, 89 (3): 409 -422.

[59] GIL - ESTALLO, GINER - DE - LA - FUENTE, GRIFUL - MIQUELA. Benchmarking corporate social responsibility within Spanish companies [J].

International Advances in Economic Research, 2009, 15 (2): 207 - 225.

[60] GOSS, ROBERTS. The impact of corporate social responsibility on the cost of bank loans [J]. Journal of Banking & Finance, 2009, 35 (7): 1794 - 1810.

[61] GRAY, BALMER. Managing corporate image and corporate reputation [J]. Long Range Planning, 1998, 31 (5): 695 - 702.

[62] GRIFFIN, MAHON. The corporate social performance and corporate financial performance debate: Twenty - five years of incomparable research [J]. Business & Society, 1997, 36 (5): 5 - 31.

[63] GUPTA. Strategic dimensions of corporate image: corporate ability and corporate social responsibility as sources of competitive advantage via differentiation [Z]. Temple University ProQuest Dissertations Publishing, 2002.

[64] GUTHRIE. Between markets and politics: organizational responses to reform in China [J]. American Journal of Sociology, 1997, 102 (5): 1258 - 1304.

[65] HALEY. Corporate contributions as managerial masques: reframing corporate contributions as strategies to influence society [J]. Journal of Management Studies, 1991, 28 (5): 485 - 509.

[66] HALL. Private opportunity, public benefit? [J]. Fiscal Studies, 1998, 19 (2): 121 - 140.

[67] HAMBRICK, MASON. Upper echelons: The organization as a reflection of its top managers [J]. The Academy of Management Review, 1984, 9 (2): 193 - 206.

[68] HATAK, LANG, ROESSL. Trust, social capital, and the coordination of relationships between the members of cooperatives: a comparison between member - focused cooperatives and third - party - focused cooperatives [J]. Voluntas: International Journal of Voluntary and

Nonprofit Organizations, 2016, 27 (3): 1218 - 1241.

[69] HEAL. Corporate social responsibility: An economic and financial framework [J]. The Geneva Papers on Risk and Insurance - Issues and Practice, 2005, 30 (3): 387 - 409.

[70] HSIEH, TSAI. Technological capability, social capital and the launch strategy for innovative products [J]. Industrial Marketing Management, 2007, 36 (4): 493 - 502.

[71] INKPEN, TSANG. Social capital, networks, and knowledge transfer [J]. The Academy of Management Review, 2005, 30 (1): 146 - 165.

[72] JOHNSON, SCHNATTERLY, HILL. Board composition beyond independence: social capital, human capital, and demographics [J]. Journal of Management, 2013, 39 (1): 232 - 262.

[73] JONES. Instrumental stakeholder theory: a synthesis of ethics and economics [J]. The Academy of Management Review, 1995, 20 (2): 404 - 437.

[74] JOSEPH. Promoting corporate social responsibility: is market - based regulation sufficient [J]. New Economy, 2002, 9 (2): 96 - 101.

[75] KANT. Relationship between different types of private capital flows to developing countries [J]. Quantitative and Qualitative Analysis in Social Sciences, 2010, 4 (1): 58 - 82.

[76] KNOKE. Organizational networks and corporate social capital [J]. Corporate Social Capital and Liability, 1999: 17 - 42.

[77] KORSCHUN, BHATTACHARYA, SWAIN. Corporate social responsibility, customer orientation, and the job performance of frontline employees [J]. Journal of Marketing, 2014, 78 (3): 20 - 37.

[78] KRAMER , PORTER. Strategy and society: The link between competitive advantage and corporate social responsibility [J]. Harvard Business

Review, 2006, 84 (12): 78 – 92, 163.

[79] KUMAR, HEIDE, WATHNE. Performance implications of mismatched governance regimes across external and internal relationships [J]. Journal of Marketing, 2011, 75 (2): 1 – 17.

[80] LAMBERT, EMMELHAINZ, GARDNER. Developing and implementing supply chain partnerships [J]. The International Journal of Logistics Management, 1996, 7 (2): 1 – 18.

[81] LAURSEN, MASCIARELLI, PRENCIPE. Regions matter: how localized social capital affects innovation and external knowledge acquisition [J]. Organization Science, 2012, 23 (1): 177 – 193.

[82] LEANA, BUREN. Organizational social capital and employment practices [J]. Academy of Management Review, 1999, 24 (3): 538 – 555.

[83] LEE. The impact of knowledge sharing, organizational capability and partnership quality on IS outsourcing success [J]. Information & Management, 2001, 38 (5): 323 – 335.

[84] LI, et al. Perceptions of positive and negative factors influencing the attractiveness of PPP/PFI procurement for construction projects in the UK: findings from a questionnaire survey [J]. Engineering, Construction and Architectural Management, 2005, 12 (2): 125 – 148.

[85] LI. Guanxi as a special in formal institution in China: the critical implications of formal – informal interaction for geocentric theory building [J]. Handbook of Research on Asian Business, 2006.

[86] LIN. Social Networks and status attainment [J]. Annual Review of Sociology, 1999, 25 (1): 467 – 487.

[87] LIN. Social capital: A theory of social structure and action [M]. Cambridgeshire: Cambridge University Press, 2001.

[88] LIN, YANG, LIOU. The impact of corporate social responsibility on financial performance: evidence from business in Taiwan [J]. Technology in Society, 2009, 31 (1): 56-63.

[89] LINDBLOM, TIKKANEN. Knowledge creation and business format franchising [J]. Management Decision, 2010, 48 (2): 179-188.

[90] LÓPEZ, SANTANA, RODRIGUEZ-ARIZA. Sustainable development and corporate performance: a study based on the Dow Jones sustainability index [J]. Journal of Business Ethics, 2007, 75 (3): 285-300.

[91] LOURY. Intergenerational transfers and the distribution of earnings [J]. Econometrica: Journal of the Econometric Society, 1981, 49 (4): 843-867.

[92] LUO, et al. The effects of customer relationships and social capital on firm performance: a Chinese business illustration [J]. Journal of International Marketing, 2004, 12 (4): 25-45.

[93] LUO, BHATTACHARYA. Corporate social responsibility, customer satisfaction, and market value [J]. Journal of Marketing, 2006, 70 (4): 1-18.

[94] LUO, HSU, LIU. The moderating role of institutional networking in the customer orientation - trust/commitment - performance causal chain in China [J]. Journal of the Academy of Marketing Science, 2007, 36 (2): 202-214.

[95] MA, PARISH. Tocquevillian moments: charitable contributions by Chinese private entrepreneurs [J]. Social Forces, 2006, 85 (2): 943-964.

[96] MACKEY A, MACKEY T, BARNEY. Corporate social responsibility and firm performance: Investor preferences and corporate strategies [J]. The Academy of Management Review, 2007, 32 (3): 817-835.

[97] MARGOLIS, WALSH. Misery loves companies: rethinking social initiatives by

business [J]. Administrative Science Quarterly, 2003, 48 (2): 268 - 305.

[98] MARTINEZ, DACIN. Efficiency motives and normative forces: combining transactions costs and institutional logic [J]. Journal of Management, 1999, 25 (1): 75 - 96.

[99] MAYER, DAVIS, SCHOORMAN. An integrative model of organizational trust [J]. The Academy of Management Review, 1995, 20 (3): 709 - 734.

[100] MCEVILY, ZAHEER. Bridging ties: a source of firm heterogeneity in competitive capabilities [J]. Strategic Management Journal, 1999, 20 (12): 1133 - 1156.

[101] MCWILLIAMS, SIEGEL. Corporate social responsibility and financial performance: correlation or misspecification? [J]. Strategic Management Journal, 2000, 21 (5): 603 - 609.

[102] MOHR, WEBB. The effects of corporate social responsibility and price on consumer responses [J]. Journal of Consumer Affairs, 2005, 39 (1): 121 - 147.

[103] MORAN, GHOSHAL. Theories of economic organization: the case for realism and balance [J]. The Academy of Management Review, 1996, 21 (1): 58 - 72.

[104] MORTAL, REISEL. Capital allocation by public and private firms [J]. Journal of Financial and Quantitative Analysis, 2013, 48 (1): 77 - 103.

[105] MOSER, MARTIN. A broader perspective on corporate social responsibility research in accounting [J]. The Accounting Review, 2012, 87 (3): 797 - 806.

[106] MULLER, KRÄUSSL. Doing good deeds in times of need: a strategic perspective on corporate disaster donations [J]. Strategic Management Journal, 2011, 32 (9): 911 - 929.

[107] MUNILLA, MILES. The corporate social responsibility continuum as a component of stakeholder theory [J]. Business and Society Review, 2005, 110 (4): 371 - 387.

[108] NAHAPIET, GHOSHAL. Social capital, intellectual capital, and the organizational advantage [J]. The Academy of Management Review, 1998, 23 (2): 242 - 266.

[109] NEIHEISEL. Corporate strategy and the politics of goodwill [M]. New York: Peter Lang, 1994.

[110] NOORDHOFF, et al. The bright side and dark side of embedded ties in business - to - business innovation [J]. Journal of Marketing, 2011, 75 (5): 34 - 52.

[111] NUNNALLY, BERNSTEIN. Psychometric theory (McGraw - Hill series in psychology) [M]. New York: McGraw - Hill, 1994.

[112] OH, CHUNG, LABIANCA. Group social capital and group effectiveness: The role of informal socializing ties [J]. The Academy of Management Journal, 2004, 47 (6): 860 - 875.

[113] PARK, LUO. Guanxi and organizational dynamics: organizational networking in Chinese firms [J]. Strategic Management Journal, 2001, 22 (5): 455 - 477.

[114] PENG, LUO. Managerial ties and firm performance in a transition economy: The nature of a micro - macro link [J]. The Academy of Management Journal, 2000, 43 (3): 486 - 501.

[115] PIROLO, PRESUTTI. The impact of social capital on the start - ups' performance growth [J]. Journal of Small Business Management, 2010, 48 (2): 197 - 227.

[116] PIVATO, MISANI, TENCATI. The impact of corporate social responsibility

on consumer trust: the case of organic food [J]. Business Ethics: A European Review, 2008, 17 (1): 3 – 12.

[117] PORTA, et al. Trust in large organizations [J]. American Economic Review, 1997.

[118] PORTES. Social capital: its origins and applications in modern sociology [J]. Annual Review of Sociology, 1998, 24 (1): 1 – 24.

[119] PREUSS. Tax avoidance and corporate social responsibility: you can't do both, or can you? [J]. Corporate Governance: The International Journal of Business in Society, 2010, 10 (4): 365 – 374.

[120] PUTNAM. Tuning in, tuning out: the strange disappearance of social capital in America [J]. P. S.: Political Science & Politics, 1995, 28 (4): 664 – 683.

[121] PUTNAM, LEONARDI, NANETTI. Making democracy work: civic traditions in modern Italy [M]. Princeton: Princeton University Press, 1994.

[122] QIAN. a theory of shortage in socialist economies based on the "soft budget constraint" [J]. The American Economic Review, 1994, 84 (1): 145 – 156.

[123] ROMAN, HAYIBOR, AGLE. The relationship between social and financial performance: Repainting a portrait [J]. Business & Society, 1999, 38 (1): 109 – 125.

[124] SAAL, PARKER, WEYMAN – JONES. Determining the contribution of technical efficiency and scale change to productivity growth in the privatized English and Welsh water and Sewerage industry: 1985 – 2000 [J]. Journal of Productivity Analysis, 2007, 28 (1): 127 – 139.

[125] SAHAYM. Spin – out formation and performance from the lens of dynamic

capabilities and social capital theory [C]. Academy of Management Annual Meeting Proceedings, 2005, 1: M1 – M6.

[126] SAMUELSON. The pure theory of public expenditure [J]. The Review of Economics & Statistics, 1954, 36 (4): 387 – 389.

[127] SCHALTEGGER, FIGGE. Environmental shareholder value: economic success with corporate environmental management [J]. Eco – Management and Auditing: The Journal of Corporate Environmental Management, 2000, 7 (1): 29 – 42.

[128] SCHERER, PALAZZO. The new political role of business in a globalized world: a review of a new perspective on CSR and its implications for the firm, governance, and democracy [J]. Journal of Management Studies, 2011, 48 (4): 899 – 931.

[129] SCHIFF. Social capital, labor mobility, and welfare: the impact of uniting states [J]. Rationality and Society, 1992, 4 (2): 157 – 175.

[130] SCHWAIGER. Components and parameters of corporate reputation [J]. Schmalenbach Business Review, 2004, 56 (1): 46 – 71.

[131] SEGERSON, MICELI. Voluntary environmental agreements: good or bad news for environmental protection? [J]. Journal of Environmental Economics and Management, 1998, 36 (2): 109 – 130.

[132] SEHWARTZ, CARROLL. Corporate social responsibility: a three – domain approch [J]. Business Ethics Quarterly, 2003, 13 (4): 503 – 530.

[133] SEN, BHATTACHARYA. Does doing good always lead to doing better? consumer reactions to corporate social responsibility [J]. Journal of Marketing Research, 2001, 38 (2): 225 – 243.

[134] SERVAES, TAMAYO. The impact of corporate social responsibility on firm value: The role of customer awareness [J]. Management Science,

2013, 59 (5): 1045 – 1061.

[135] SHENG, ZHOU, LI. The effects of business and political ties on firm performance: evidence from China [J]. Journal of Marketing, 2011, 75 (1): 1 – 15.

[136] SIMPSON, KOHERS. The link between corporate social and financial performance: evidence from the banking industry [J]. Journal of Business Ethics, 2002, 35 (2): 97 – 109.

[137] SOLOMON, It's good business [J]. New York: Atheneum, 1985.

[138] SURROCA, TRIBO, WADDOCK. Corporate responsibility and financial performance: the role of intangible resources [J]. Strategic Management Journal, 2010, 31 (5): 463 – 490.

[139] TENG. Corporate entrepreneurship activities through strategic alliances: a resource – based approach toward competitive advantage [J]. Journal of Management Studies, 2007, 44 (1): 119 – 142.

[140] THOMAS, et al. Intra – regional private capital flows in Eastern and Southern Africa: finding from Mozambique, South Africa, Tanzania, Uganda, Zambia and Zimbabwe [Z]. Public Working Paper, 2003.

[141] TSAI, GHOSHAL. Social capital and value creation: the role of intrafirm networks [J]. The Academy of Management Journal, 1998, 41 (4): 464 – 476.

[142] TSOUTSOURA. Corporate social responsibility and financial performance [J]. 2004.

[143] TURBAN, GREENING. Corporate social performance and organizational attractiveness to prospective employees [J]. Academy of Management Journal, 1997, 40 (3): 658 – 672.

[144] UZZI. Social structure and competition in interfirm networks: the paradox

of embeddedness [J]. Administrative Science Quarterly, 1997, 42 (1): 35 -67.

[145] VILLENA, REVILLA, CHOI. The dark side of buyer - supplier relationships: A social capital perspective [J]. Journal of Operations Management, 2011, 29 (6): 561 -576.

[146] VINING, BOARDMAN. Ownership versus competition: efficiency in public enterprise [J]. Public Choice, 1992, 73 (2): 205 -239.

[147] WADDOCK, GRAVES. The corporate social performance - financial performance link [J]. Strategic Management Journal, 1997, 18 (4): 303 -319.

[148] WALKER, KOGUT, SHAN. Social capital, structural holes and the formation of an industry network [J]. Organization Science, 1997, 8 (2): 109 -125.

[149] WANG, QIAN. Corporate philanthropy and corporate financial performance: the roles of stakeholder response and political access [J]. The Academy of Management Journal, 2011, 54 (6): 1159 -1181.

[150] WEBER. The business case for corporate social responsibility: a company - level measurement approach for CSR [J]. European Management Journal, 2008, 26 (4): 247 -261.

[151] WESTLUND, BOLTON. Local social capital and entrepreneurship [J]. Small Business Economics, 2003, 21 (2): 77 -113.

[152] WHEELER, COLBERT, FREEMAN. Focusing on value: reconciling corporate social responsibility, sustainability and a stakeholder approach in a network world [J]. Journal of General Management, 2003, 28 (3): 1 -28.

[153] WILLIAMSON. The economic institutions of capitalism: firms, markets,

relational contracting [M]. New York: Free Press, 1985.

[154] WU. Asymmetric roles of business ties and political ties in product innovation [J]. Journal of Business Research, 2011, 64 (11): 1151 – 1156.

[155] YE, ZHANG. Do lenders value corporate social responsibility? Evidence from China [J]. Journal of Business Ethics, 2011, 104 (2): 197 – 206.

[156] YLI – RENKO, AUTIO, SAPIENZA. Social capital, knowledge acquisition, and knowledge exploitation in young technology – based firms [J]. Strategic Management Journal, 2001, 22 (6 – 7): 587 – 613.

[157] YLI – RENKO, AUTIO, TONTTI. Social capital, knowledge, and the international growth of technology – based new firms [J]. International Business Review, 2002, 11 (3): 279 – 304.

[158] ZAHEER, MCEVILY, PERRONE. Does trust matter? exploring the effects of interorganizational and interpersonal trust on performance [J]. Organization Science, 1998, 9 (2): 141 – 159.

[159] ZHANG, SHEN, WU. Green strategy for gaining competitive advantage in housing development: a China study [J]. Journal of Cleaner Production, 2011, 19 (2 – 3): 157 – 167.

[160] 奥斯特罗姆. 公共事物的治理之道：集体行动制度的演进 [M]. 上海：上海译文出版社，2012.

[161] 白祖纲. 公私伙伴关系视野下的地方公共物品供给 [D]. 苏州：苏州大学，2014.

[162] 包凤耐. 企业关系资本、网络能力对知识转移和创新绩效的影响研究 [D]. 天津：天津财经大学，2014.

[163] 包凤耐，彭正银. 网络能力视角下企业关系资本对知识转移的影响研究 [J]. 南开管理评论，2015，3：95 – 101.

[164] 毕楠. 基于声誉资本的企业社会责任价值创造机理研究 [D]. 大

连：东北财经大学，2012.

[165] 边燕杰，徐淑英，刘忠明．公司的社会资本及其对公司业绩的影响：社会网络分析 [J]．中国企业管理的前沿研究，2004：248－268.

[166] 边燕杰，丘海雄．企业的社会资本及其功效 [J]．中国社会科学，2000，2.

[167] 蔡宁，潘松挺．网络关系强度与企业技术创新模式的耦合性及其协同演化——以海正药业技术创新网络为例 [J]．中国工业经济，2008，4：137－144.

[168] 曹春方．政治权力转移与公司投资：中国的逻辑 [J]．管理世界，2013，1：143－155.

[169] 曹建海，朱波，赵锦辉．公共投资、私人投资与经济增长关系的实证研究——一个向量误差修正模型 [J]．河北经贸大学学报，2005，2：1－7.

[170] 查勇，梁云凤．在公用事业领域推行 PPP 模式研究 [J]．中央财经大学学报，2015，5：19－25.

[171] 陈传明，周小虎．关于企业家社会资本的若干思考 [J]．南京社会科学，2001，11：1－6.

[172] 陈冬华．地方政府、公司治理与补贴收入——来自我国证券市场的经验证据 [J]．财经研究，2003，9：15－21.

[173] 程凯．企业合作关系中的信任问题分析 [J]．中州学刊，2001，2：21－24.

[174] 仇保兴．市政公用事业改革的理论和实践进展综述 [J]．城市发展研究，2007，1：107－110.

[175] 储小平，李怀祖．家族企业成长与社会资本的融合 [J]．经济理论与经济管理，2003，6：45－51.

[176] 董晓庆，赵坚，袁朋伟．国有企业创新效率损失研究 [J]．中国工

业经济，2014，2：97 –108.

［177］杜智涛，夏晨曦．企业间合作关系强度对其经营行为的影响分析［J］．大连理工大学学报（社会科学版），2010，4：55 –59.

［178］樊纲，王小鲁，马光荣．中国市场化进程对经济增长的贡献［J］．经济研究，2011，46，9：4 –16.

［179］范宇欣．浙商参与公共品供给的实证分析：浙商参与公共品供给的实证分析［C］．浙商研究，2011.

［180］弗朗西斯·福山，曹义．社会资本、公民社会与发展［J］．马克思主义与现实，2003，2：36 –45.

［181］付从荣．公司捐赠行为、社会资本及公司价值研究［D］．武汉：武汉大学，2014.

［182］盖建飞．外来资本、私人资本与中国经济增长［J］．经济与管理研究，2014，4：12 –21.

［183］耿新．企业家社会资本对新创企业绩效影响研究［D］．济南：山东大学，2008.

［184］郝清民．煤炭上市公司绩效评价理论与方法及其实证研究［D］．天津：天津大学，2004.

［185］何寿奎．公共项目公私伙伴关系合作机理与监管政策研究［D］．重庆：重庆大学，2009.

［186］何翔舟．民营资本进入公共品领域引发的思考［N］．光明日报，2007 –03 –27.

［187］贺小刚，李新春．企业家能力与企业成长：基于中国经验的实证研究［J］．经济研究，2005，10：101 –111.

［188］黄格非．中国上市公司再融资行为与决策机制研究［D］．上海：同济大学，2006.

［189］金序能．中介企业声誉形成机理及与企业绩效关系研究［D］．杭

州：浙江大学，2007.

［190］孔东民，刘莎莎，应千伟．公司行为中的媒体角色：激浊扬清还是推波助澜？［J］．管理世界，2013，7：145－162.

［191］李传宪，干胜道．政治关联、补贴收入与上市公司研发创新［J］．科技进步与对策，2013，13：102－105.

［192］李怀祖．管理研究方法论［M］．西安：西安交通大学出版社，2004.

［193］李敏．论企业社会资本的有机构成及功能［J］．中国工业经济，2005，8：81－88.

［194］李晓红，黄春梅．社会资本的经济学界定、构成与属性［J］．当代财经，2007，3：17－20.

［195］李越冬，张会芹．产权性质、企业社会责任与资本市场认可度［J］．宏观经济研究，2010，1：48－52.

［196］李正彪．企业成长的社会关系网络研究［D］．成都：四川大学，2005.

［197］李自杰，等．管理控制与合资企业绩效：信任与沟通的调节作用［J］．经济科学，2010，5：92－101.

［198］廖冠民，沈红波．国有企业的政策性负担：动因、后果及治理［J］．中国工业经济，2014，6：96－108.

［199］林毅夫，李志赟．政策性负担、道德风险与预算软约束［J］．经济研究，2004，2：17－27.

［200］刘春济，朱梦兰．谁影响了谁：产权性质、企业社会责任溢出与表现［J］．经济管理，2018，12：105－122.

［201］刘衡，王龙伟，李垣．社会资本与企业绩效关系的中介效应研究［J］．预测，2010，29（4）：17－23.

［202］刘向东，陈成漳．互联网时代批发商的“再中介化”——价值链整

合视角［J］．商业经济与管理，2016，6：5－14.

［203］刘英，赵晶晶．企业家人力资本与企业绩效关系的分析模型［J］．现代管理科学，2009，6：115－117.

［204］刘泳，周建亨．品牌导向、价值链整合对企业绩效的影响机制［J］．东华大学学报（自然科学版），2013，5：675－681.

［205］柳光强．税收优惠、财政补贴政策的激励效应分析——基于信息不对称理论视角的实证研究［J］．管理世界，2016，10：62－71.

［206］罗党论，刘晓龙．政治关系、进入壁垒与企业绩效——来自中国民营上市公司的经验证据［C］．管理世界，2009，5：97－106.

［207］罗党论，唐清泉．中国民营上市公司制度环境与绩效问题研究［J］．经济研究，2009，44（2）：106－118.

［208］罗党论，唐清泉．政治关系、社会资本与政策资源获取：来自中国民营上市公司的经验证据［J］．世界经济，2009，7：84－96.

［209］罗党论，甄丽明．民营控制、政治关系与企业融资约束——基于中国民营上市公司的经验证据［J］．金融研究，2008，12：164－178.

［210］吕明非，彭灿．基于社会资本的高科技创业企业机会发现研究［J］．科技进步与对策，2009，12：98－101.

［211］马虹．社会责任战略对出口企业的影响：机理与实证［D］．杭州：浙江大学，2016.

［212］马胡杰，石岿然，范金．供应链买方信任的源起及其对合约弹性的影响［J］．管理评论，2015，27（11）：192－206.

［213］马龙龙．企业社会责任对消费者购买意愿的影响机制研究［J］．管理世界，2011，5：120－126.

［214］彭安玉．南京城市基础设施建设及其运作机制［J］．南京社会科学，2004，2：329－335.

［215］彭雪蓉，魏江．生态创新、资源获取与组织绩效——来自浙江省中

小企业的实证研究［J］. 自然辩证法研究，2014，5：60 – 65.

［216］饶扬德. 基于社会资本的企业竞争能力研究［J］. 华东经济管理，2005，10：79 – 81.

［217］任奔滔. 中小企业社会资本与融资研究［D］. 武汉：武汉大学，2009.

［218］萨缪尔森，保罗·A，诺德豪斯威廉·D，高鸿业. 经济学：第12版［M］. 北京：中国发展出版社，1992.

［219］石军伟，付海艳. 企业的异质性社会资本及其嵌入风险——基于中国经济转型情境的实证研究［J］. 中国工业经济，2010，11：109 – 119.

［220］石军伟，胡立君，付海艳. 企业社会资本的功效结构：基于中国上市公司的实证研究［J］. 中国工业经济，2007，2：84 – 93.

［221］石军伟，胡立君，付海艳. 企业社会责任、社会资本与组织竞争优势：一个战略互动视角——基于中国转型期经验的实证研究［J］. 中国工业经济，2009，11：87 – 98.

［222］宋常，黄蕾，钟震. 产品市场竞争、董事会结构与公司绩效——基于中国上市公司的实证分析［J］. 审计研究，2008，5：55 – 60.

［223］隋敏. 企业社会资本研究［D］. 青岛：中国海洋大学，2012.

［224］隋敏. 社会资本对营运资金管理的影响机理研究［J］. 中南财经政法大学学报，2013，5：88 – 94.

［225］孙俊华，陈传明. 企业家社会资本与公司绩效关系研究——基于中国制造业上市公司的实证研究［J］. 南开管理评论，2009，12（2）：28 – 36.

［226］唐方成，申子雯. 社会资本与企业绩效间的权变关系［J］. 管理评论，2014，26（12）：170 – 181.

［227］唐鹏程，杨树旺. 企业社会责任投资模式研究：基于价值的判断标准［J］. 中国工业经济，2016，7：109 – 126.

[228] 唐清泉，罗党论. 政府补贴动机及其效果的实证研究——来自中国上市公司的经验证据 [J]. 金融研究，2007，6：149 – 163.

[229] 田虹. 企业社会责任与企业绩效的相关性——基于中国通信行业的经验数据 [J]. 经济管理，2009，1：72 – 79.

[230] 田利辉，叶瑶. 政治关联与企业绩效：促进还是抑制？——来自中国上市公司资本结构视角的分析 [J]. 经济科学，2013，6：89 – 100.

[231] 万泽滢. 价值链与供应链在价值系统中的整合 [J]. 浙江社会科学，2001，3：58 – 60.

[232] 王凤荣，李靖. 上市公司与非上市公司的绩效对比：一个产业视角的分析 [J]. 南开经济研究，2005，6：99 – 104.

[233] 王广亮，张屹山. 国有企业产权改革的规则 [J]. 中国工业经济，2005，7：89 – 95.

[234] 王华，陆艳. 基于社会资本理论的中小企业持续竞争优势研究 [J]. 工业技术经济，2007，5：24 – 27.

[235] 王能. 公司治理、企业社会责任履行与公司绩效 [D]. 石河子：石河子大学，2017.

[236] 王倩. 企业社会责任与企业财务绩效的关系研究 [D]. 杭州：浙江大学，2014.

[237] 王轶英. 高新技术企业研发投入与企业绩效的相关性研究 [D]. 沈阳：辽宁大学，2018.

[238] 韦春北. 网络能力对企业竞争力的影响研究 [D]. 武汉：武汉理工大学，2012.

[239] 韦恩·贝克，等. 社会资本制胜：如何挖掘个人与企业网络中的隐性资源 [M]. 上海：上海交通大学出版社，2002.

[240] 位志宇. 企业资本增长视角下的上市公司预期收益率研究 [D]. 上海：上海交通大学，2007.

[241] 吴风来．产权所有制性质与企业绩效实证研究［J］．经济科学，2003，3：12－19.

[242] 吴联生．国有股权、税收优惠与公司税负［J］．经济研究，2009，10：109－120.

[243] 吴文锋，吴冲锋，芮萌．中国上市公司高管的政府背景与税收优惠［J］．管理世界，2009，3：134－142.

[244] 夏立军，方轶强．政府控制、治理环境与公司价值——来自中国证券市场的经验证据［J］．经济研究，2005，5：40－51.

[245] 谢继勇．基于社会资本的公共项目管理绩效改善研究［D］．天津：天津大学，2010.

[246] 熊婵．企业政治关联的构建及其与社会责任投资、雇员离职率的关系研究［D］．武汉：华中科技大学，2016.

[247] 徐兵．中国上市公司绩效评价研究［D］．长沙：中南大学，2007.

[248] 徐尚昆，杨汝岱．中国企业社会责任及其对企业社会资本影响的实证研究［J］．中国软科学，2009，11：119－128.

[249] 徐延辉．企业家的伦理行为与企业社会资本的积累——一个经济学和社会学的比较分析框架［J］．社会学研究，2002，6：63－71.

[250] 杨向阳，童馨乐．财政支持、企业家社会资本与文化企业融资——基于信号传递分析视角［J］．金融研究，2015，1：117－133.

[251] 杨孝海．企业关系资本与价值创造关系研究［D］．成都：西南财经大学，2010.

[252] 余明桂，回雅甫，潘红波．政治联系、寻租与地方政府财政补贴有效性［J］．经济研究，2010，3：65－77.

[253] 余明桂，潘红波．政治关系、制度环境与民营企业银行贷款［J］．管理世界，2008，8：9－21.

[254] 张岗．中国上市公司资本结构研究［D］．西安：西北大学，2002.

[255] 张洪刚，赵全厚．政治关联、政治关联成本与财政补贴关系的实证研究——来自深、沪证券市场的经验数据［J］．当代财经，2014，4：108－118.

[256] 张建君，张志学．中国民营企业家的政治战略［J］．管理世界，2005，7：94－105.

[257] 张捷，刘凤翔．价值链整合与价值模块整合——兼论我国IT制造业结构优化的方向［J］．暨南学报（哲学社会科学版），2006，5：43－48.

[258] 张坤．企业社会责任实现机制研究［D］．长沙：中南大学，2013.

[259] 张龙鹏，蒋为．政企关系是否影响了中国制造业企业的产能利用率？［J］．产业经济研究，2015，6：82－90.

[260] 张萍，梁博．政治关联与社会责任履行——来自中国民营企业的证据［J］．会计与经济研究，2012，5：14－23.

[261] 张其仔．社会资本与国有企业绩效研究［J］．当代财经，2000，1：53－58.

[262] 张其仔．社会资本的投资策略与企业绩效［J］．经济管理，2004，16：58－63.

[263] 张青，曹尉．社会资本对个人网络创业绩效影响的实证研究［J］．研究与发展管理，2010，1：34－42.

[264] 张粟．基于政企关系的信贷融资差异与投资适度性研究［D］．广州：华南理工大学，2014.

[265] 张同斌，高铁梅．财税政策激励、高新技术产业发展与产业结构调整［J］．经济研究，2012，5：58－70.

[266] 张维迎．产权、政府与信誉［M］．北京：生活·读书·新知三联书店，2001.

[267] 张文彤．SPSS统计分析高级教程［M］．北京：高等教育出版

社，2013.

[268] 张祥．我国企业国际化经营及其绩效研究［D］．成都：西南财经大学，2013.

[269] 张钰，李瑶，刘益．社会资本对企业创新行为的影响——基于利用式创新和探索式创新的实证研究［J］．预测，2013，2：7－11.

[270] 赵存丽．企业社会责任对财务绩效的影响研究［D］．大连：东北财经大学，2014.

[271] 赵铁林．房地产企业社会责任实践及绩效提升路径研究［D］．大连：大连理工大学，2017.

[272] 郑海东．企业社会责任行为表现：测量维度、影响因素及对企业绩效的影响［D］．杭州：浙江大学，2007.

[273] 郑美群，蔡莉，王发银．社会资本对高技术企业绩效的作用分析［J］．工业技术经济，2005，2：73－74.

[274] 周开国，李涛．国有股权、预算软约束与公司价值：基于分量回归方法的经验分析［J］．世界经济，2006，5：84－94.

[275] 周小虎．企业家社会资本及其对企业绩效的作用［J］．安徽师范大学学报（人文社会科学版），2002，1：1－6.

[276] 周小虎．基于社会资本理论的中小企业国际化战略研究综述［J］．外国经济与管理，2006，5：17－22.

[277] 周小虎，陈传明．企业社会资本与持续竞争优势［J］．中国工业经济，2004，5：90－96.

[278] 周祖城，张漪杰．企业社会责任相对水平与消费者购买意向关系的实证研究［J］．中国工业经济，2007，9：111－118.

[279] 朱慧，周根贵．社会资本促进了组织创新吗？——一项基于 Meta 分析的研究［J］．科学学研究，2013，11：1717－1725.

[280] 朱仁宏，等．社会资本、机会开发与新创企业绩效［M］．北京：

经济科学出版社，2009.

[281] 朱秀梅，李明芳. 创业网络特征对资源获取的动态影响——基于中国转型经济的证据［J］. 管理世界，2011，6：105 - 115.

[282] 朱铁，熊思敏. 财政分权、FDI 引资竞争与私人投资挤出——基于中国省际面板数据的经验研究［J］. 财贸研究，2009，20（4）：77 - 84.

附　录

私人资本投资公共品决策因素研究
调查问卷

尊敬的女士/先生：

您好！非常感谢您能在百忙之中填写本问卷。本问卷是法国格勒诺布尔管理学院 DBA 学员为进行博士课题研究而实施的公开调查问卷。烦请您基于贵公司的实际情况完成本问卷。填写问卷将会花费您 15 分钟时间。如果您对问卷中的问题存在疑问，请电话或邮件联系我们。

联系电话：137－0112－0554（孙哲峰同学）

电子邮箱：2423963181@ qq. com

在此我们郑重承诺，本问卷不涉及公司名称，收集到的数据仅用于学术研究，不会将数据及结果用于任何商业活动；且数据只用于汇总研究，不涉及任何单个个案，严格保密，不会外泄！再次感谢您的支持和合作！

填写说明：

（1）第一部分填空题请直接填写；选择题请将相应的答案字母填入括号；或在相应的空格选项打上“√”。

（2）第二部分表格部分采用 7 级打分，1 ~ 7 表示从“低到高”依次过渡，分别为“非常低、较低、低、一般、高、较高、非常高”。请根据企业实际情况在相应的位置填写“√”。

（3）第三、四部分表格部分采用 7 级打分，1 ~ 7 表示从“非常不同意到非常同意”依次过渡，分别为“非常不同意、不同意、部分不同意、中立、部分同意、同意、非常同意”。请根据企业实际情况在相应的位置填写“√”。

问卷内容如下：

问卷编号：________（四位数）

第一部分 基本信息

（1）贵企业（您当前供职的企业）所属行业为（若从属多个行业，选最主要的）：

(1)	(2)	(3)	(4)	(5)	(6)	(7)	(8)	(9)	(10)	(11)	(12)	(13)	(14)	(15)	(16)	(17)	(18)	(19)
农林牧渔	采矿业	制造业	电力煤气水	建筑业	交通运输	信息服务	批发零售	住宿餐饮	金融	房地产	租赁、商业服务	科研技术	公共设施	居民服务	教育	卫生	文化体育	其他
□	□	□	□	□	□	□	□	□	□	□	□	□	□	□	□	□	□	□

（2）贵企业所在省份：________省

（3）贵企业在哪一年注册成立：________年

（4）贵企业总资产规模：

□ 3000 万元以下　□ 3000 万 ~ 5000 万元　□ 5000 万 ~ 1.5 亿元

□ 1.5 亿 ~ 3 亿元　□ 3 亿 ~ 10 亿元　□ 10 亿元以上

（5）您现在的职位是：□董事　□总经理　□副总经理　□总经理助理

□投资总监　□财务总监　□投资经理

□其他（请注明）

（6）贵企业的所有制性质是：□央企　□地方国有企业　□私营企业

□公私合营企业　□外商企业

（7）贵企业是否取得高新技术企业认证？□是 □否

（8）贵企业是否为上市公司？□是 □否

第二部分 企业投资公共品状况

公共品是指由政府和企业投资、建设并服务于社会人群的公用服务设施，包括但不限于公路、铁路、机场、城市公园、公立医院、义务制教育学校幼儿园、图书馆、文化体育场馆、水电热气污水设施、地铁公交、社区公共设施等服务大众百姓的公用设施设备。

1. 公司公共品及非公共品投资及收益情况

请根据贵公司过去五年投资公共品的实际情况，按公司整体情况填写以下内容。若贵公司过去五年未对公共品投资，请对下表中的“公司整体净资产收益率”进行填写。（其收益率可为正也可为负，请如实填写）

年份	公共品项目		非公共品项目		公司整体净资产收益率（%）
	投资额（万元）	收益率（%）	投资额（万元）	收益率（%）	
2016					
2015					
2014					
2013					
2012					

2. 公司投资公共品项目情况

请根据贵公司投资公共品的实际情况，按项目规模从大到小依次填写以下内容。

项目收益率是项目直接性收益，不能包括政府给予项目的补偿。

项目收益率＝（息税前利润总额）/项目总投资×100%（其值可为正也可为负，请如实填写）；

政府给予该项目补偿总额是指为了实现和维护公共利益，由政府或其授权组织所实施的为个人、企业以及社会其他组织带来利益的财产性资助，主要包括政府给予的直接补贴、补偿性土地使用权转让、财税补贴、产品优惠、政策性低息贷款等。

项目序号	项目开始年份	项目规模（万元）	项目收益率（%）	项目周期（年）	政府给予该项目补偿总额（万元）

3. 请根据贵公司投资非公共品项目的实际情况，按项目规模从大到小依次填写以下内容

项目序号	项目开始年份	项目规模（万元）	项目收益率（%）	项目周期（年）

4. 请根据贵公司实际情况，填写以下内容

与同行业企业平均水平比较，近五年贵企业以下指标		低←——→高						
		1	2	3	4	5	6	7
年均营业收入（万元）	2016 年							
	2015 年							
	2014 年							
	2013 年							
	2012 年							
年均利润（万元）	2016 年							
	2015 年							
	2014 年							
	2013 年							
	2012 年							
年均市场占有率（%）	2016 年							
	2015 年							
	2014 年							
	2013 年							
	2012 年							

第三部分　社会资本的测度

公共品是指由政府和企业投资、建设并服务于社会人群的公用服务设施，包括但不限于公路、铁路、机场、城市公园、公立医院、义务制教育学校幼儿园、图书馆、文化体育场馆、水电热气污水设施、地铁公交、社区公共设施等服务大众百姓的公用设施设备。

在本企业获得政府发包的公共品/服务订单后，本企业与同行业企业平均水平比较，贵企业的社会资本情况		非常不同意←→非常同意						
编号	题项	1	2	3	4	5	6	7
s1	本企业与政府的交流频繁							
s2	行政机关对本企业实施的例行行政检查（如环保、质量等）较少							
s3	本企业与政府保持长期的稳定关系							
s4	本企业与政府合作的交易成本较小							
s5	政府会邀请本企业作为杰出代表参加外事活动							
s6	政府邀请本企业作为新政策的试点企业							
s7	政府邀请企业作为政府项目的评标代表							
s8	本企业与产业链上下游企业建立了良好的联系							
s9	本企业与生产相同或相似产品或服务的企业建立良好合作							
s10	本企业能从规则制定者获得体制内的优质资源							
s11	本企业与科研院所建立良好的研发合作							
s12	本企业更容易获得银行等金融机构融资支持							
s13	本企业获得所属行业协会的重要职位							
s14	本企业与税务、工商等管理机构建立了良好的联系							
s15	政府会积极帮助本企业处理行政审批问题							
s16	本企业获得政府或行业授予的各种荣誉称号、头衔和社会职务							
s17	顾客对于本企业品牌忠诚度较高							
s18	本企业在行业内具有良好的声誉							
s19	本企业在行业外具有较高的知名度							
s20	媒体较多地关注本企业，并经常给予企业正面报道							
s21	本企业获得周期性产品或服务免检认证							
s22	本企业更容易获得投资者的投资							

第四部分 M2 经济溢出的测度

在本企业获得政府发包的公共品/服务订单后，本企业与同行业企业平均水平比较，贵企业的经济溢出情况		非常不同意←→非常同意						
编号	题项	1	2	3	4	5	6	7
*m*1	本企业与顾客保持密切的联系							
*m*2	本企业更注重对企业战略、文化、管理、组织等进行整合							
*m*3	本企业有很强的整合分散增值环节的能力，创造出新的价值链							
*m*4	本企业更容易低成本进入上下游领域							
*m*5	本企业能够很容易从市场中筛选出能力强的合作伙伴							
*m*6	本企业在产业链中具有较强的议价能力							
*m*7	本企业具备较强的整合行业价值链的能力							
*m*8	本企业具有很强的识别和获取市场机会的能力							
*m*9	本企业能赢得消费者信任，有助于扩大市场份额							
*m*10	本企业及时了解客户的意见和建议，利于新产品开发							
*m*11	本企业领导本行业或区域的商业模式或产品的创新							
*m*12	本企业经常先于竞争对手获得产品或项目相关的知识和信息							
*m*13	本企业获得高比例的财政补贴							
*m*14	本企业能以较低的成本获得资源（如土地、矿产等）							
*m*15	本企业能从政府获得其他企业难以获得的稀缺资源							
*m*16	本企业的所得税适用税率较低							
*m*17	本企业的所得税享受较高起征点（或免征额）							
*m*18	本企业的所得税享受税额减免较多							
*m*19	本企业更容易获得项目特许经营权							
*m*20	本企业更容易获得政府的专项财税补贴							

本问卷到此结束，再次感谢您的大力协助！